예 말이요

예 말이요
– 강진 세 아짐 이야기

2011년 2월 24일 초판 1쇄 인쇄
2011년 3월 3일 초판 1쇄 발행

엮은이 | 박지나 구술 | 조호순 최병단 최정자 주최 | 강진문화원
펴낸이 | 김영호
펴낸곳 | 도서출판 동연
등록 | 제1-1383호(1992. 6. 12)
주소 | 서울시 마포구 망원동2동 472-11 2층
전화 | (02)335-2630 전송 | (02)335-2640
이메일 | ymedia@paran.com
홈페이지 | www.y-media.co.kr

ISBN 978-89-6447-135-7 03200

후원 : 🌸 문화체육관광부

강진 세 아짐 이야기

예 말이요

박지나 엮음

발간을 축하하며

국가가 정책적으로 여성가족부 산하에 양성평등교육진흥원을 두어 양성평등의식을 확산시키기 위해 최선의 노력을 기울이고 있음에도 불구하고 우리나라는 뿌리 깊은 봉건주의 사상과 남아선호사상 등으로 양성평등의식이 고취되기까지는 쉽지 않은 여정이 될 것이라 사료됩니다. 특히나 이 지역 강진의 보수적인 특성상 다른 지역에 비해 조금 더 많은 시간적 여유가 필요할 것이라고 생각됩니다.

어느 단체보다도 문화원이 양성평등 확산을 위해 선두적인 입지를 굳히고 노력해야 함을 인식하고 방법을 찾아오던 저는 강진 출신 가야금산조의 명인 함동정월 선생님을 주목했고 2009년 양성평등사업의 초석을 세우는 작업으로 선생님에 대한 기초자료 발굴 작업을 시작하였으며 2010년에는 '지역여성콘텐츠발굴사업'의 일환으로 '그녀에게'라는 제목의 연극을 기획하여 그녀를 세상 밖으로 끌어내었습니다. 연극의 출연진은 강진지역에서 나고 자라 평생을 이 지역에서 살아오신 분들로서 지역의 여성들에게 문화 참여기회를 제공한 좋은 계기가 되었으리라 여겨집니다.

이 구술사료집은 연극에 참여했던 이 지역의 평범한 어머니들의 삶의 애환을 수록한 책자로써 그녀들의 일상이 문화로, 예술로 혹은 작품으로 승화되었다는 중요한 의미를 가집니다. 구술사 녹취부터 책자 발간까지의 과정은 그동안 연출을 맡아 열악한 환경 속에서도 최선을 다해 주셨던 박지나 선생님과 출연진이 서로 협력하고 수고해 주셨습니다. 그간 여러분의 노고에 깊은 감사를 표합니다.

그리고 "이 사업을 진행하며 여러 가지 우여곡절도 많았지만 스스로가 이 사회의 주인공이 되어 삶을 즐기는 '아짐들'의 골 패인 너털웃음을 바라보며 보람과 자부심을 느낀다."는 사업담당자의 말에 저 또한 긍지를 느낍니다.

아울러 앞으로도 양성평등에 대해 지역사회가 지속적인 관심과 지원을 아끼지 않도록 강진문화원이 선두에 서서 최선의 노력을 기울일 것을 다짐해 봅니다. 감사합니다.

강진문화원 원장 김규식 드림

글머리에

　"예 말이요■"는 예술의 '예'자도 모르고 살아온 여자들의 이야기에서 발견하는 예술에 관한 이야기입니다. 2009년, 2010년 두 해 동안 제가 극본/연출을 맡은 연극팀에서 활동한 강진 '아짐들' 중에서 세 분을 선정했고, 집을 방문해 각각 두세 시간씩 서너 차례의 인터뷰를 했습니다. 외관상 세 분은 전국 어디서나 볼 수 있는 살림 고단수의 '6학년 아짐들'일지 모르지만, 4, 50년대 강진이라는 농촌문화권에서 태어나고 자란 특수성이 말투와 몸짓에서 배어나옵니다. 특히 여러 복지관을 돌면서 각종 수업을 받는 일이 더 중심이 되는 동년배의 일상과는 달리 두 분은 지금도 생업으로 농사를 짓고 있다는 점이 저의 호기심을 자극했습니다.

　처음 구상했던 이 책의 제목은 두 친구였습니다. 한 동네에서 시집

■ 예 말이요 : 여기 말이오(화자가 청자의 주목이나 환기를 원할 때 쓰는 말)

가기 전까지 '애기', '큰애기' 시절을 함께 보낸 단짝 최정자 님과 최병단 님. 시집 와서 사십여 년을 이웃사촌으로 살아온 조호순 님과 최정자 님. 흥미진진한 이야기가 펼쳐질 것 같았습니다. 그러나 시간이 가면서 흥분은 점점 가라앉았습니다. 세 분 중 어느 누구도 제가 원하는 관계에 대해 말하지 않았기 때문입니다. 보이지 않는 시간을 기록하는 일입니다. 뭔가 다른 방법을 생각해내야 했습니다. 그렇게 세 분의 고향 나들이를 제안하게 됐고, 동행하면서 보이지 않는 말들을 조금은 붙잡을 수 있었습니다. 그러나 두 친구의 이야기를 구성해 보려던 당초 계획은 각각의 이야기를 충실히 담는 것으로 바뀌었습니다.

대신 이미지를 그릴 수는 있었습니다. 다큐영화 〈워낭소리〉가 무색할 만큼 없어도 순하고 질기게 살아온 조호순 님은 소, 단단한 바위에 엉겨 붙어 자라는 꿀(굴)처럼 삶을 놓지 않은 최정자 님은 꿀(굴), 그저 평범하게만 살았다며 당신의 인생에 어떤 수식어도 붙이지 않는 최병단 님은 나무. 그림 그리는 친구 희진과 세 사람의 이미지에 관해 얘기를 나눴습니다. 놀랍게도 우리는 비슷한 그림을 그리고 있었습니다. 여자가 더 나은 길을 상상할 수 없는 시대에 태어나, 농사짓고 애 키우고 살림하면서 앞만 보고 달려온 세 사람. 이들이 잎이 무성한 나무에 올라가 세상을 바라보는 그림을 처음 봤을 때 가슴이 먹먹했습니다.

서울에서 나고 자란 도시 처녀가 해남의 작은 농촌 마을에 정착한 지 이제 일 년째. 암흑이 감옥처럼 느껴져 한밤중에 가로등도 없는 논둑길로 뛰쳐나간 적도 있었습니다. 무엇이 저를 해남으로 인도했을까 수없이 자문했습니다. 저는 나무에 올라 세상을 보는 게 좋았습니다. 하지만 어느 순간 이 거대한 나무의 정체가 궁금해졌습니다. 농사짓고 애 키우고 살림만 하면서 살아왔다는 여자들에게서 풍기는 무언가는 나무 향내와 닮았습니다. 그 평범함이 이룩한 경이에 대해 말하고 싶었습니다.

"예 말이오"란 "여기 말이오"와 유사한 뜻으로, 말하는 이가 듣는 이에게 하는 요청입니다. "예 말이오" 뒤에는 꾸미는 말보다는 진실한 속내가 나오기 마련입니다. 이 말을 꺼내는 순간, 말을 하기 전과는 다른 공기가 돕니다. 나무에 올라간 세 여자가 우리에게 말합니다. "예 말이오".

탄생과 성장의 기쁨을 기다리는 새벽, 해남에서

박지나

글 싣는 순서

1장
돌아간 대로 살아야제

우리들 얘기는 이상해갖고

　그래도 뭐 쪼끔 배운 사람한테 해야 뭔 말이 나오제. 우리들 얘기는 이상해갖고……. 대구, 그랑께 경상도에 있는 거 말고 강진에 있는 대구에서 내가 태어났제. 부락[1] 이름이 계치여, 계치 부락. 육남매 중에도 제일 막둥이여. 아들 삼형제, 딸 삼형제.

　그랑께[2] 옛날옛날 일곱 살 먹어서 얘기여. 우리 큰오빠가 군대를 가져갖고 휴가를 오셨는디. 옛날에는 결혼하믄 일년 있다 온께. 오빠가 처갓집을 가실라고 밥상 받고 식사를 하고 계시는디. 내가 오빠를 따라갈려고 울었어. 울고 밥상머리에 앉아 있은께 큰언니가 그래. "따라갈려면 밥이나 먹어라." 오빠가 절대 같이 가잔 소릴 안 해요. 울고만 앉았어. "갈라믄 가자." 울 언니가 색동저고리에다가 치마에다가 입혀줘. 밥도 먹기 싫어, 재미져갖고[3].

　도암4)가 처갓집인께 거그를 오빠랑 가는디. 강진 장이었던 거이
지. 양말 한 켤레 사서 신겨갖고 빨리 갈라고 나를 오빠가 업고 가.
처갓집을 딱 들어가는데 우리 올케가 앉아서 우리 아버지 옷을 만들
고 계신디. 인자5) 내가 앞에 오고 우리 오빠가 온다. 오빠가 더 반가울
것인디 뭣한께6) "워매, 우리 막둥이 오네." 나는 엄청 재밌제, 그라고
보듬어줘서.

　저녁에도 오빠 옆에 잤을 건디, 뭣한지 생각은 안 난다. 강진서 사
진을 찍은디 두 내외분 앉고 내가 가운데가7) 앉았는디. 사진을 딱 찍
고는 우리 올케는 도로 자기 친정으로 가. 나보고 "어디로 따라갈 거
야, 막내?" 그래. 나는 우리 오빠를 따라가제. 그랑께 서운하다고 볼8)
그놈 사줘. 그놈만 보듬고 오빠 따라왔제.

    지금도 오빠랑 남매간들 만나면 "나 그때 이뻤어, 안 이뻤어?" 그라면, 웃기만 하제 절대 말씀을 안 하제. 크기만 했제 절대 속아지 없어9).

    그라고 큰언니가 결혼하는데, 큰언니 꽃신이 귀여워갖고 그놈 보듬고 언니 옆에가 딱 앉었는 기억도 있고. 그것도 일곱 살이나 됐겠네.

    막내 오빠가 외입을 나갔어10). 화장품을 며칠이나 폴았든가11) 못 하겠는께 들어온 것이여. 연필 눈썹하고 여그12) 베니13), 입 칠한 거 빨간 거. 목단14)꽃 색이라고 할까 뭐시기라고 할까 진짜 이쁜놈을 갖고 오셨어, 오빠가. 그랑께 나도 한번쓱15) 발라봤겠제. 우리는 애긴께16) 언니가 썼제, 고놈을. 진짜 이뻤어. 그놈 갖고 언니가 시집간 기억이 나.

아, 맞다. 나 클 때 학교 다닐 때 저 저수지 욱에가17) 논이 있어. 옛날엔 다 사람이 모를 심잖아. 소를 거까지 갖고 가서 써레질18)을 해갖고 모를 심은디 날이 어두믄19) 못 가니까 소 끄꼬20) 빨리 가래. 막 가라 해. 소하고만 간께21) 무선께22) 도로 끌고 올라가부렀당께. 샛길 꼬불꼬불한 길을. 내가 제일 적은께23), 모를 심을 줄 모른께24) 끄꼬 가라 한 것이여.

쟁기질25)하다가 소가 또 새끼를 나분께26) 큰오빠가 새끼를 이렇키27) 안고. 소는 막 그라믄28) 안 끄서도29) 오빠 뒤를 따라가. 큰소는 안 잡아도 오빠가 새끼를 보듬고 가니까 새끼 이라고30) 보고 쫓아간 것이여. 짐승도 그라고 새끼가 중해31). 그랑께 몰라, 어렸을 때여.

가방만 갖다 땡겨놓고32)

내가 제일 막내라 그랬는가 공부하라 소리 절대 안 해. 가방만 갖다 땡겨놓고 애기들하고 노느라고 정신없제. 고무줄하고 더치볼33)도 하고, 야구도 하고, 그런 거 많이 하잖애. 학교 갔다 오믄 길가에 앉거서 공받기도 하고. 고무줄 많이 하제, 친구들이 엄청 많은께.

우리 친구가, 가시나들이 열한명이나 되았어. 머스마는 둘이나 돼. "아야, 우리 반지락34) 파러 가자." 호미 하나, 양푼 하나 들고. 다라35) 없으면 못 나와. 바다를 안 막은 세상이여. 참바지락이 쫑긋쫑긋해. "아야, 가자." 그러면 깨끗이 씻쳐갖고 댈롱댈롱 이고 오는 거여.

그거 하기 싫으면 옹기 그릇 하나 담고. 굵은 독에 석화36)가 옹글옹글 얹겄어. 뵈도 안 해37). 그래도 갖고 와. 재밌은께 가자 하고. 옛날에는 김밥 만거, 말이. 그것 백장 짜면 황톳이라 그래. 그놈 질렁질

렁 들고 친구집에 가고. 뭣 하기 싫으면 바다 가자 해서 가고.

　옛날에는 우산도 없어서 쌀가마니 그런 가마닌데 마다리 부대라고 해갖고 엄청 두꺼워. 반절로 탁 하믄 탁 쓰고 비가 천지로 다 맞아불제[38]. 다 젖어갖고 그대로 하루 종일 공부하고 온 거여. 학교 가는 길에가 냇물이 있어. 냇물 못 건네니까[39] 비가 많이 오믄[40] 학교서 빨리 보내줘. 친구들이, 남자 친구들이, 그것들이 못 가게 막은 거여.

　책보 이렇키 손시러우믄[41] 쓱 넣고 검정고무신도 신고. 추석 닥쳐서는 밀짚모자 쓰고 하얀 웃도리 교복만이로[42] 맞춰 입고 밑에 주름치마 해 입고 같이 놀러다니고.

　우리는 학교를 엄청 멀리 다녔어. 학교가 한 이키로가 넘은께. 배고프고 뭣하고 그런 것은 없는디 막 고구마를 갖고 간다. 그걸 보리논에다 꼼쳐놔43). 그걸 먹어. 친구들이 다 그래. 그라고 또 쌀 싸 갖고 간다. 질 욱에가 전방이 있어. 쌀 그놈 갖다주믄 비가 줘. 많이 줘.

전방 아줌마들이 얼마나 장사를 했는가 몰라. 비가가 지금 유가44) 있잖아, 그것이여. 잘잘하니 싸갖고 그런 것이 있어. 백다마라고 해 갖고 아주 안 녹은 거, 입에서 엄청 오래 빨잖아45). 박하사탕 같은 거. 그런 놈 사갖고 묵고이.

그라고 육학년 때 저그46) 대흥사로 수학여행을 갔는데. 어찌케47) 갔냐 그라모48) 쌀 두 되씩을 싸갖고 이고 가. 그때가 한 이박 삼일이 나 했으까, 수학여행을. 그랑께 밥해묵을랑께 쌀 두 되씩 싸갖고 오니 라49) 그래. 그래갖고 그놈 이고 가, 쌀 두 되썩50) 싸갖고.

그라고 또 학교 다니믄은 옛날에 교장 선생님 교감 선생님들 그 사 택을, 지붕을 이어야 되잖아. 그람51) 짚을 이고 오라고 해. 할아버지 가 탁 칠해서52) 이라고 묶어 줘, 두 뭇씩53)을. 그놈 이고 학교까지 가. 질54) 먼저 갖고 가야 돼, 성질이. 늦게는 절대 안 갖고 가. 안 갖고 가고 늦게 갖고 가고 그라믄 돌려보낸다니까. 옛날에 사친회비55)같 은 그런 것도 늦게 갖고 가믄 돌려보내고 학교에서 그라고 했제. 그런 거는 기어코 먼저 갖고가제.

아가씨 때 영화 보러 가믄 아부지한테 쫓겨갖고. 그땐 왜 그렇키 아부지들이 밤에 오셨는가 몰라. 들킨 날에는 큰일난께 오시는 소리 가 나믄은 사정없이 내뺀56) 거여. 징해57). 그때 영화도 많이는 봤는 디 다 이저불고58). 제목이, '닭'이 있고, '장화홍련' 있고, 또 '팔도강 산'. 허장강이 나오제. 팔도강산은 딸 여덟이어갖고 한 거라 큰올케도 볼라고 소재지까지 가.

영화 볼라믄 돈 갖고 가야제. 그랑께 할머니가 용돈 줬겄제. 오빠도 주고. 아싸리 말해서[59] 옛날 큰애기[60]들은 쌀을 많이 퍼. 쌀을 많이 푸고. 동네가 쌀장사가 있잖애. 많이 해. 순전히 푼 것들은 저녁마다 퍼갖고 댕게[61]. 넘 대문 다 채고[62] 댕게. 얼마나 웃긴다고 아조[63]. 생전 차대기[64]가 옆에가 안 떨어져 많이 푼 사람들은.

우리는 많이 안 푼 뭐시기[65]여. 그라고 아부지가 겨울에는 서당 선생질을 하시고. 뭐시기 할 적에는 우리 아부지가 목수일을 하셨어. 그랑께 그런 가용[66]이 나오잖애. 스포츠 머리를 하잖아, 그렇키 깎음시로[67] 우리보고 직이라고[68] 해, 암것도 없는 머리를. 그람 용돈을 준거여. 시원한께 그랬던가 몰라. "막내야 머리 직여라." 막 이라고 해. 그람 돈 줘, 아부지가.

여름에도 우리 아부지가 버신[69]을 신으믄 할머니가 나를 보낸 거여. "아부지 갖다드리고 온나." 땀이 차믄[70] 버신 같은 걸 빨아서 해갖고 그놈 갖다주믄 아부지가 돈 주잖아.

인자 한번은 외할아버지 제사를 갔는디, 내가 막내라 아버지가 나를 꼭 데꼬71) 가셨어. 엄마 막 돌아가시고 갔는 거이구만. 운동화 가게 가서 곤색에 하얀 끈 끼어진 거, 그거를 사서 신겨준 거여. 당신도 흰 고무신 새거 사고. 그라고 멥쌀72)을 들었던가 어쨌든가 외갓집에를 갔어. 제사 모시믄 그냥 안 가. 떡 같은 거 과일 같은 거 담아갖고 가. 박바가지에 싼 놈을 갖고 그 신을 농73) 귀퉁이에 찡겨놨어.

외할아버지 제사를 갔는디, 외할머니가 서울 딸네서 안 오셔부렀네. 외숙모 따라서 돌아댕기고 있는디 아부지가 불러. "가자." 제사도 안 하고 가자고 한께 황당해. 외숙 보고 술상을 가오시라74) 했는디, 금방 잡쉈는디 또 내오라 한께 좀 이따 드릴라고 안 드렸나봐. 술 정신에 장모님도 안 계시고 마음이 안 좋았던가봐. 큰언니집 그리 가신다고 사정없이 흰 주의75) 입고 가신거여. 난 이라저라 못 한께, 농 옆에 찡겨논 거 빼갖고 그 신을 보듬고 간거여.

그 모시베가 꼭 엄마옷 같애

오학년 땐가 어머니가 아프셨어. 그때만 해도 병원을 안 모셔가. 병원에 빨리 갔었으믄 낫었을 거인디. 맹장이 복막염이 돼갖고 황달이 그거이 흑달 돼서 돌아가셔부렀제.

엄마 기억은 나기는 난디. 학교에서 운동을 한디, 체조 비슷하니 운동을 했어. 원을 그려놓고 율동을 해. 율동을 한디, 지금 생각하면 엄마 흰 모시치만가봐. 언니가 모시치마를 해서 입혔는가. 꼭 그 생각이 안 잊혀져. 하얀 치마를 주름 잡아갖고 그 모시베가 꼭 엄마옷 같애. 그놈 치마하고 윗도리는 하얀 윗도리 반판하고 그놈 입고 율동을 한 거이 생각이 나.

내가 이상[76] 춤을 잘 췄나봐. 지금도 그런 것 좋아한께. 엄마가 구경 왔어. 거그서 무용 '나가자 씩씩하게 대한 소년아' 그거 했겄제. 옷

은 색동 저고리에다가 검정 치마에다가 그리고 운동화 신었던가. 큰
언니가 그리고 해줬제.

  그때는 고구마를 반절을 딱 갈라갖고 싹 놓제. 엄마가 명[77]으로
베 짜서 해 입은 옷, 검정 치마하고 하얀 저고리 입고 바구니 옆에 끼
고 고구마 밭 매러[78] 간거, 그건 생각이 나.

  고구마밭을 매믄은 거기 딸기나무가 있어. 껍덱[79] 딱 까면 제대로
커서 익어서 떨어지면 새콤함시로 달콤함시로[80] 맛있거든. 그 딸기
를 엄마가 주워주고. 또 주레라 해갖고 참외 씨가 떨어져갖고 나잖애.
참외가 짤짤하니 줄렁줄렁하니 고구마밭에가 있어, 노오래갖고. 진
짜 맛있다니까. 그때만해도 먹을 게 귀하고 그런 거이 그렇게 맛있었
제. 그거를 따묵을라고 엄마를 따라댕겼나봐.

  언제 한번은 학교 갔다 와서 내가 아팠어. 엄마가 김하고 멸치하고

밥하고 해서 그거 싸준 기억이 나고. 그렇게 엄마 기억이 별로……. 그때는 멸치, 김이 그리 귀했어.

엄마하고 막내 오빠하고, 엄마 살아 계실 적에 외할아버지 제사 모시러 가제. 그때는 왜 그렇게 걸어갔든가 몰라. 여기서 장흥 지만이라고 한 덴디, 저 대구서. 서이[81] 걸어가, 멥쌀 이고. 엄마가 이고. 냇가 있잖아. 옛날에는 노둣돌이 뚱글뚱글하니 딱 사람 한 발씩 뛰게 놔놓잖애. 그놈 뛰어서 갔제. 그랑께 나는 쫄랑거리믄서 되다고 하믄 막내 오빠가 업고 갔겠제.

엄마 물 질르러[82] 다니면 내가 따라다닌 기억나고, 보리 비러[83] 가면 그것 기억나고. 옛날에는 보리를 비어갖고 와서. 그랑께 그거이 보리고개여. 쌀 떨어지고 보리도 떨어지고 그람 보리가 언능[84] 안 나온께 그랬든가 청맥가리 한다고 보리를 따. 그람 풀대 따갖고 보리를 쪄. 보리 모가지만 따갖고 쪄. 고놈 쪄갖고 덕석[85]에 넌다. 널으믄 몰려갖고[86] 비비믄 알이 나와. 그거갖고 미숫가루 하면 젤 맛있잖어, 부드러갖고. 그거 따라다닐라고. 보리대 밀 때 가늘게 해갖고 바우[87]를 만들잖어, 잠자리채도 만들고.

우리 큰올케가 우리 엄마 돌아가시고 나 졸업나서[88] 열여덟에나 가셨을까, 서울로. 앙고라토끼 그런 장사하신다고 가셨어. 애기 업고 짐싸고 이라고 가신디 어째 울어부렀든지. 어째 서운해갖고 울어부렀더니 동네에서 소문나부렀어. 막내 올케가 서운했겠어. 나도 있는디 왜 저랄까. 큰올케가 엄마지, 엄마. 그랑께 서운해부러갖고. 면소재지 청자골 내려와서 애기 업고 차태워 보내고 올라옴시로[89] 울고. 학교서 큰 조카가 온디 어째 그 놈을 보듬고 울었든지, 나도 엄마랑

떨어져 살았는디 느그도 엄마랑 떨어져 살겄구나 그래서 울었는지.

그래도 엄마 안 계신다 해도 할머니 계시고 올케 있고 오빠들 언니 있으니까. 식구가 엄청 많한께 삼대가 산께 엄마 없는 기억도 없어.

사춘언니가 한복을 배와갖고 한복 선생질을 했어. 거그 댕겼어. 이 개월이나 했으까. 양재학원[90] 다니믄서 포로시[91] 블라우스 쓰봉[92] 같은 거 해 입고. 양재학원 다닌 것도 재밌었제. 친구들이 많하니까[93]. 가믄 총각들이 막어불잖애[94], 못 가게. 다른 친구들은 끄꼬 가부러. 우린 오빠 있고 아부지 있고 무선께 절대 못 건들어.

엄청 엄해, 아부지가. 어째 머리도 못 짱끄게[95] 했당께. 따고 다녔제. 언니도 못 짱끄고 시집갈 때사 머리 짱끄고 빠마하고 절대 못 짱끄게 해. 내가 미용이 하고 싶었어. 그런 델 꼭 보내줬으믄 쓰겄는데, 여자는 절대 나가는 것 아니라고 못 가게 하니까 오도 가도 못하고 집에서 일하믄서 자랐제. 그랑께 십자수 많이 놓고, 벼개[96] 수많이 놓고, 겨울 닥치믄. 맨 따라다니믄서 일만 했겄제, 처녀 때는. 그란데 애기 때 생각이 안 나네.

아, 한번은 냇가에 모욕하러 갔어. 그란디 헤엄치다가 물에 빠져부렀어. 허우적거리는디 언니가 딱 손잡아줌시로 나오고. 나 바로 욱에 언니여. 지금 성전 월남가[97] 사는 작은언니. 세살새여[98]. 언니가 생전 엄마만이로 옷도 안빳게[99] 챙겨주고. 절대 싸우도 안해. 겨울방학, 여름방학 하믄 꼭 둘이 고모집이 가고. 산 한나 넘어가믄 큰언니 집 있어. 거그 같이 가고. 어데 놀러가믄 꼭 데리고 가고. 대바구니 하나 꼭 들고 밭에 대니고, 완두콩 따러. 그라믄 아버지 친구들이 장난친다고 건들어. 우리들은 무서워갖고이. 그라고 댕겼어, 꼭 둘이.

영락없이 워낭소리 영화하고 똑같어

첫사랑 없어. 남자들이 건들라고 하믄 뭐시기해불고. 그라고 내 성질도 무뚝뚝해갖고. 사촌 언니도 소개시켜 준다 해도 못 시켜 주고 말고. 결혼하기 전에 인자 이렇키 부락에서 즈그 누나가 즈그 동상댁 삼을라고 했어도 내가 마다고 한께 못 해불고[100]. 그래갖고 온 것이 이리 왔다니까. 이리 왔는데 이렇키 좋아.

스물 둘이 됐는디 결혼을 하라고 해서 칠항으로 결혼을 하러 왔는디. 그전에는 성씨만 보고 양반이라고 결혼시키고 그래. 가서 보니까 거그는 우리 집보다 더 험한 거여. 형, 동생이 같이 바다에 다니고 있드마. 순전히 바다에 다님시로 고기도 잡고 장어도 잡고 그라는데. 기가 맥히제, 생전 그런 걸 안 봐서. 인자 아저씨가 엄청 부지런하시기는 하셨어.

　　결혼한 그 뒤해 정월에 저금을 내 줬어[101], 시어머니가. 사는 것은 큰집서 살제, 잠만 요리[102] 와서 자제. 임신을 했는디 우리 큰놈 생일이 정월 초하룻날이여. 설에도 떡방앗간 안 가고 집에서 도구통[103]을 찍어. 인자 큰집에서 일 년 살았어. 스물넷에 큰아들을 낳았는데 넘의 젖방으로 내주더만.

　　젖방으로 저금나갖고 일 년 살았제. 요런 집이다 그러믄 이란 큰방에 주인이 있어, 주인이 있고 저 쪼꼬만 방. 그놈 한나 얻어서 저금냈다 그것이여. 방 한나 갖고 살지. 애기 한나 낳아갖고, 그 작은 방에서. 그래갖고 인자 초가집으로 들어갔어.

　　초가지붕 알아요? 저기 저 뭐시기처럼. 옛날에는 다 그랬어. 그 지붕 덮은데 사람 사서 짚을 엮은 거를 마람이라고 그래. 마람을 엮으면은, 한 장 엮은 데 얼마 주는 사람 있고, 고놈 하루에 품삯으로 한 사람도 있고 그래. 거길 다녔어, 아저씨가.

노인들만, 며느리하고 시아버지하고 두 분 산 데를 이렇게 마람을 엮으러 가면은, 그 할아버지가 우리들 없는 속을 아니까 끼니끼니 저녁밥 먹고 가면 밥을 싸서 들려보낸다니까. 이거이 가져가면 느그집 한 끼 안 해도 된다 그라고. 아저씨는 할 수 없이 가져온 거여. 그람 그걸로 진짜 한 끼니 하고 살어, 식구가 없으니까.

그때는 굵은 집은 전기가 들어왔는디 그 초가집은 전기도 안 들어왔어. 쬐깐한 집에가 삼호등을, 저 옛날 삼호등 초꽂이불, 그거를 쓰고 살았다니까. 우리 큰아들 학교 대니고, 작은 아들이 빗지락[104] 갖고 장닭이 조슬란께[105] 막 쫓을 때여. 장닭을 막 쫓아댕게[106].

밭이 있으니까 그걸 벌 욕심으로 들어갔어. 얼마나 야찬가[107] 이 장롱이 못 들어가. 한 짝은 큰 방에 놓고, 한 짝은 저쪽 적은 방 한나 있는 데 놓고. 그래갖고 인자 불 때고 살았지. 오륙 년 살았는가 몰라. 거기서 이사와서 이 집으로 왔어.

젖방살이 할 적에는 순전히 품팔이[108]제, 품팔이. 아저씨 바다에 갔다오믄 고기장사하고. 나는 넘으 밭이나 매고 그런 거 했제. 그랑께 결혼하면 여그 안 살고 어디 데꼬 간다고 해서 살고 있는디. 바다에 간께는 기가 맥히제. 고기 많이 잡았다고 그러면 그것도 보기 싫여.

배를 사줬네, 큰집서. 들망이라고 장어를 잡으믄. 젊은 사람들도 보면 배에다 갈쾡이를 달아불드마. 전에는 손으로 했제. 장어 눈이 있어. 고놈 봐서 그렇게. 그랑께 순전히 어부한테로 시집왔제.

여름에 한 번은 이 기럭109)이 정도 될란가, 그란 새우를 잡아다 놨네, 아저씨가. 나는 이고 나갈 줄도 모르고 팔 줄도 모르고. 그동안은 장어만 잡은께 몰랐제. 장어는 갖고 가믄 자기들이 돈을 줘브러. 강진가 두 간데110) 있었어. 그 새우를 시어머니가 폴고 댕김시로111), "잡아다놓면 뭐한다냐, 팔아야 돈이 되제."

그 해부터 고기를 잡으믄 이걸 갖고 가믄 친정식구들 볼라 싶어 어쩌까. 그란디 그담부터는 인자는 안 잡아다줘서 서럽네.

조개 잡고 그럴 적에는 여하튼 많이 벌어야겠다 그런 생각밖에 없제. 보리밭이나 매러 가믄 넘의 젖방이니까 애만 눕혀놓고 가잖어. 애기만 발랑 눕혀놓고 가믄 얼마나 짠하겄어. 그 운디를 놓고 가믄 짠하제112). 그래도 문 잠그고 가야제.

굴은 여자들이 가서 하제. 밑천이 안 들어가니까. 잡아다 뿌리고 뿌리고 하제. 설 닥치고 결혼식 있다고 하믄 잡아다 주고. 아저씨는 장어잡이를 해. 아저씨 머리 수술하고 나서는 나만 이렇키 하고.

넘은 반다라도 못 차서 나오는디 절대 그거이 없어. 이빠이 해갖고 끄꼬 나온께. 한 다라는 양이 안 차니까 두 다라. 옛날에는 둥그런 다라 있었는디 그건 오도 안 해. 질113)을 만들 때는 빠져. 나이롱 끈을 허리에 묶어. 그걸 끄꼬 나와. 바다에 다니면서 관절이 가분거여.

지금 생각 같으믄 그리 안 하제. 돈 벌어서 애기들 갈친다114) 그런 생각만 하니께. 다라가 빠지면 다른 다라 갖다가 채워서 해불고. 넘보다 많이 해야제 적게 하면 기분이 안 좋잖아.

처음 고기 장사할 때는 큰 고무다라 이빠이 해도 안 깨져. 도로 포장도 안 될 때여. 그놈 해갖고 버스에 나갈라믄은 숨도 안 쉬어져, 무

거우믄. 친정이 대구고 칠항이 시집이어갓고 장에 가믄 뭐시기 아는 사람 만나제. 이삼 년 해본께 보믄 보고 말믄 말아라 이렇키 되고.

순전히 바다것으로 살았제, 다른 수입은 없잖아. 내 몸만 가면 돈이 나오니까. 지금 생각하면 사람이 게을르게 살아야 골병이 안 들지. 물이 들어봐불믄 못 따니까 죽어라 따제.

그란디 옆에 다른 아줌마들은 말을 건 거여. 말을 엄청 많이 하는 사람이 있어. 꼬막 잡으면서 입이 안 놀아. 어서 잡제, 아따 뭔 말을 저렇게 해싸까. 뭣이든 뒤선 안 갔제[115].

산에서 독을 내려다가 한 사람도 있었는데 독 하나 줏으러 갈 줄을 몰랐단께. 그란디 얼매 지나니까 딱 막아갖고 아예 못 들어가게 해부네. 같이 시집 온 동서가 "형님, 둘이 반씩 나눠서 해." 그놈 한 칸에 칠천 원쓱인가 했는디, 거그 양식장서 하다가 눈이 좀 떠졌어. 나무를 한 차 넣어부렀어, 바다에다가. 엄청 수확을 많이 해불제. 삼 년이면 완전히 나불잖아[116].

겨울에 음력 팔월 좀 넘어서 구월이었구마. 애기가 중학교 다녔는디. "가끄나?[117]" 그러면 애기가 두말없이 일어난다니까. 가[118]에서 할지를 모르니까 싹 없어놓는 거여. "엄마, 없어." 그러면서. 그란 애기를 끄꼬 나오는 거여. 다른 사람들은 아저씨랑 나오제. 우리 아저씨는 그때 해남 노가다 가시고.

징해 우리들은. 워낭소리보다 더 뭣하게 살았어. 워낭소리 본께 소달구지 딸딸딸딸. 옛날에는 부잣집이나 소달구지 있었어. 한 집에가 한 열다섯 명 살면은 김장을 못 해도 이상하제. 거기서도 좋게 담은 놈은 사우[119] 김치 따로 놔두고.

소달구지에 하나 싣고 이 적은[120] 물에는 금방 안 나가잖아. 대구 같은 데는 수심이 깊은께 소달구지 빌려달라고 해갖고 식구대로 가. 바닷가에서 씻쳐갖고 오면 숨이 반절은 죽어. 그럼 소금이 덜 들어가제.

춥제. 그래도 그런 것도 모르고 씻쳐갖고 간 해갖고 김장을 하는디, 해년마다. 그런 것도 하믄 재밌어. 식구대로, 작은엄마까지 가. 왜 꼬마들도 데꼬갔나 몰라. 그때만 해도 달구지 같은 거 있으믄 머리에다 안 이어 날르고.

그랑께 내가 지금도 목이 짧다고 그래. 한복 입으면 동정이 뒤로 까져부러. 내가 질[121] 많이 이었어. 엄마도 없고 그랑께.

너무 힘든 세상을 살아논께, 너무 없는 세상을 살아논께. 우리 친정 식구들 왔다 가면 울고 간다니까. 평생 사는 게 호미 잡고 밭 매고, 고기 따라 댕기고 장사하고, 겨울에 굴 따러 다니고 굴, 꼬막 장사하고.

그래도는 애기들이 키가 큰 편이여. 엄청 못 멕였어, 없으니까. 우
리 사는 것 영락없이 워낭소리 영화하고 똑같어. 문화원 나와보믄 거
그 여자들이 아저씨들 공무원이고 다 뭐시기하잖아요이. 나하고 최
정자하고나 농사짓고. 여그서 나와 보믄 그런 아줌마들이 좋아 보이
기도 하고.

딸한테 그랬당께. "나 살아온 이야기를 뭐시기 해서 책을 만든단
다. 그란디 내가 느그 아빠한테 엄청 안 좋은 소리만 나올 건디 어찌
케 하냐." 그랑께 딸이 웃으믄서 "엄마 나온 대로 하세요." 그래. 딸이
커온 환경을 다 안께.

시앙쮜가 터럭이 하나도 없어

나만 고생을 한 게 아니라 아저씨도 많이 했제. 아저씨 탓만도 아니고.

엊그저께 마량 미항 축제를 갔는데 노래를 부르라고 해. 사회자가 아들은 몇이고 딸은 몇이냐 물어봐서 서이라고 했더니 "넷째아들 또 있잖아요, 넷째아들 아저씨 있잖아요." 그람서 넷째아들이 뭘 어떻게 해 주믄 좋겠냐고 그래. "아, 술 잠122) 안 묵었으면 좋겄어요."

그래도 또 물어보길래, "아, 가정을 이끌어나가믄 좋죠." 계속 물어본께, "아, 그만 하고 우리 딸 얘기 해." 그랑께 사회자가 돌리드라고. 절대 어디 가믄은 안 계신단 소리도 안 하고.

쉰일곱에 혼자됐어도 애기들 키워불고123) 뭣 하니까 그렇게 힘든 건 없제. 그래도 혼자 농사를 짓고 뭣 하믄은, 일에 시달리믄은 엄청

생각이 나제.

미역공장이 생겼어. 부락에, 집안에 나보덤 두 살 덜 묵은[124] 아짐[125]이 있어. 그 아짐하고 둘이 나갔어. 인자 처음으로 공장에를 댕긴께 재미진 것이여. 재미진께 그라고 가갖고는 둘이 막 미역을 빤 것이여, 인자. 미역을 빠프는[126] 인자 사람들이 막 미역을 널어, 이런 뭐시기에다가 이런 기계가 있어. 기계 안에 들어가서 몰려[127] 나오고 그란디.

마량서 반장이라고 다닌디, 거그가 나보고 반장을 하라고 한 거여. 반장으로 들어가믄 달달이 월급으로 통장으로 들어오제. 아저씨한테 "내가 반장으로 들어가불믄 농사일을 못 도와줄 것인디 하겠소." 그랑께 그때는 한다 해. 그래갖고는 일 년을 반장을 한디.

인자 나는 농사를 안 짓고 글로[128] 댕긴께[129] 더 편한 것이여. 그란디 아저씨가 농사질라 바다에 갈라 뭣한께는 인자, 보리를 이렇키 혼자 빔시로[130], 그때는 기계가 없어서 손으로 빌 때여. 혼자 얼마나 비다가 그놈 니가 난께[131] 그 이웃집 보리 빈 사람하고 앉어서 새참을 먹음서 그라드래. "와따 저 공장 불이나 나불믄 쓰겄다." 아저씨가.

그 순진한 사람 속에서 그 말이 나올 때 얼마나 되아서[132] 그랬겄어. 나한테 절대 성질 안 내. 뭐 되다 어쩐다 소리도 안하고. 그랑께 딱 이년 다니고 말았제.

그래갖고 여그 와서 이렇키 돈을 모아갖고 논을 살라고 맘묵고 있을 때여. 징하게 아저씨도 놀기 좋아하시고 노래도 잘 불러. 그런 걸 엄청 좋아라 해. 친구하고 둘이 강진을 갔던가 광주를 갔던가 나도 몰래 가갖고 딱 전축 그것하고 냉장고하고 사왔던 것이여. 나는 다른 데 전답 살라고 했는디.

딱 참말로 이혼해불고 안 살믄 쓰겄어. 그래갖고 내가 꿇아갖고 멫 날 메칠 꿇아부렀제. 바다에 가서 고기 잡아갖고 와도 냅둬부렀어, 폴러 안 가고. 저거를 안 폴면 도로 안 갖다 주믄은 나 암것도 안 한다고 작은방에 드러눴제. 여름이었구마. 저걸 배갖고 그랬구마, 막내딸 배갖고.

딱 꿇아갖고 누웠더니 당숙모가 "아야, 한 번 그래분걸 어짤 거이냐." 하고 나를 달겨[133]. 그래갖고 차츰차츰 풀어져갖고 할 수 없이 인자, 갖고 온 거라 갖다주도 못하고.

그때 논이 났는디 그 놈을 못 사분께 그렇키 그놈만 바라봐지더라고. 그렇키 빈통이 없어[134], 남자들이. 그래갖고 그렇게도 미웁고. 일곱 말[135]이믄 천사백 평이제. 다른 사람이 딱 사부렀제.

소를 사갖고 그 적은[136] 데다가 스무 마리 서른 마리 키웠는디, 시앙쮜[137] 한 마리에 십오만 원까지 갔네. 쫄딱 없어져부렀제. 자기 돈으로 샀은께 빚이 안 됐제. 그래도 인자, 아저씨가 하다[138] 착실한께.

아저씨 머리 수술한 뒤로는 소 안 키웠어. 그 전까지는 소집 짓어갖고 키웠제. 그랑께 그게이 그게 집안이 안 좋을라고 그랬든가. 아저씨하고 나하고 새끼 나는지 보고 있는디. 이상허이 시앙쮜가 터럭[139]이 하나도 없어. 아저씨 아프기 직전인디. 집안이 안 좋을라고 어째 소새끼가 그라드라니까.

병원에 갔드니 많이 살믄 육개월 적게 살믄 삼개월이라고 그라드마. 그 정도 되믄은 환자한테도 알려야 된다고. "글쎄요." 그라고 있는디. 그런 얘기 하고 있는 상황에서 아저씨가 들어왔는디 딱 눈치를 채부렀어. 그 순간부터 환자가 되불드마.

병원에서 가라고 한께 기가 맥혜140). 아저씨 안심을 시켜줘야 가 제. 다만 일 년이고 이 년이고 할 수 있다고 말씀을 좀 해달라고. 인자 눈물을 감장을 못하네, 아저씨가.

나는 진통제를 덜 드시믄 오래 갈까 하고 알 하나씩을 빼고 주는 거여. 아저씨는 약을 더 먹을라고 해. 그렇게 많이 먹어 버릇하믄 나중에 어떻게 감당을 하냐고. 딱 삼 개월 되니까는 가게 생겼드마. 그 래도 그냥 내가 모시고 있는 거여.

그랑께 시어머니 돌아가신 그 일 년 뒤로 아저씨가 딱 돌아가셨어. 어떻게 그럴 수가 있는가 몰라. 좋은께 데려가셨는가 몰라. 아들이 바닷가에서 일하고 있으면 꼭 가셔. 시아버지가 인공 때[141] 나가셨다냐 어쩌냐, 돌아가신지도 못 보고 혼자 삼 남매 키우시고. 혼자 고생을 그렇게 하고 사셨제. 그런 뭐시기를 안께 작은아들이 따땃이[142] 하고 뭣한께.

맨 아픔치레만 했제, 여하튼간에. 한번은 잔뜩 아프고 죽는다고 소동이 났어. 그란디 인자 배가 있으면 비 오고 바람 불면 물을 뿜어야 돼. 애기 업고 큰놈 걸리고[143] 그라고 그놈 뿜으러 가는디. 집안 아짐 한 분이 밭 매다 오심서 내를 만난께는 "우야, 조카 어쩐가." 그랑께는 소리도 없이 어째 울음이 터져나오든지 그 아짐을 업고 엄청 울어부렀어. 그 아짐이 미안해갖고 "무단히[144] 물었네, 물었네." 자꼬 그라고 있어.

우리 큰아들 스무 살만 먹도록 살믄 쓰겄네 그랬는디, 큰아들 여우고 손자 남매까지 보고 사셨으니까 오래 사셨제.

지금은 멋대로 돌아다녀분께

친정 막내오빠가 우리 아저씨 돌아가시고 삼 개월 있다가 그해에 돌아가셔분디[145]. 엄청 그 오빠가 나를 이뻐했어. 아, 이 올케가 막내오빠 올케가 나보다 한살 더 묵었는디, 우울증이 와서 나같이 돌아다니지도 않고 집에가 앉었어. 올해 여름에 돌아가셔부네. 그래도 나는 뭣한가 아저씨 가셔도 우울증은 안 왔어.

첨에는 대문을 잠그고 방문 잠그고 그라고 했는디, 몇년 된께 대문 열어놓고 자. 잡아갖고 톡 차불믄[146] 부서지는디 그것도 문이라고 잠가놓고 잤당께[147].

사 년 됐제, 아저씨 돌아가신 지가. 애기들이 농사 어찌케 짓냐고 내놓으라고. 나 한 데까지 할란다. 내가 볍씨같은 거 담글 때 내가 담궜잖애. 농사 많다고 해도 기계가 하고. 아저씨가 빚진 것도 없고.

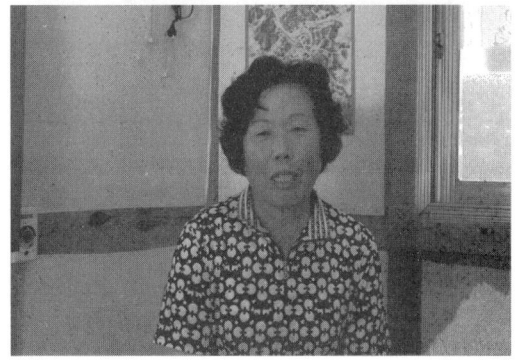

　하나도 사치도 안 하고 살았드니 애기들 키우고 나니까 가닥이 나드라고. 그라고 애기들도 전화하믄 "엄마, 집에가 계시지 말고 돌아다니세요." 그랑께 밤에도 혼자 있으믄 이렇게 생각을 하믄은 울다가 웃다가. 어쩔 때는 슬퍼.

　그래도는 뭐이 제일 좋냐. 소재지 옆에 사니까 면사무소에서 일주일이믄 두 번씩 에어로빅 나가고 요가하고. 화요일날 금요일날 낮에 면사무소 이층에서 에어로빅 배우러 다녀. 금요일 저녁에 면사무소에서 풍물하고.

부녀회장 한 지도 십 년이 넘었어. 식생활 개선에도 들어가 있고. 그거이 뭐냐믄은 식료품 농사진 뭐시기여. 스무 명 넘을 거여, 여자들이. 그리고 소방대도 나가고. 농협 총무도 나이가 많애갖고 못한디 그런 걸 즐겨서 하니까 하게 생기면 하고. 뭔 일이 있고 견학을 간다 그람 절대 안 빠지니까 면사무소에서도 나한테 먼저 전화를 해. 지금은 멋대로 돌아다녀분게. 밭에도 일이 꽉찼어. 재밌어, 여하튼간에.

아저씨가 그렇게 면허증을 따라고 했는디. '술 먹으믄 나보고 델러오라 하라고?' 그리고 안 땄제. 나 차 있으믄 동네 아짐들 다 태워야 쓰고 사고나 나믄 어쩌냐 그랬제.

경운기 한번 끄서[148] 볼라고 한 적이 있어. 아저씨 아플 때여. 아들보고 끄꼬 가라고 한 거여. 그란디 내가 한 번 끄서 볼란다 했제. 아저씨랑 아들은 뒤에 따라오는디, 내가 경운기를 몰고 가. 아, 이렇

게 돌아서 나온 디는 반대로 잡아서 한다드만. 그란디 모르니까 반대
로 잡아부렀어.

경운기가 들어가부러, 다른 사람 논에. 거가 지하수가 있어. 고놈
쥐고 따라 들어가분거여. 아저씨가 뒤에서 보고, 큰아들은 달리고.
그랑께 놔둬부렀어. 그래갖고 나도 안 다치고 경운기도 안 다치고 샘
도 안 다치고. 아저씨가 놀래갖고 내중에라도 경운기 달고 가믄 깨분
다 하고. 나도 그란 뒤로는 무서운께 안 하고. 농사짓을란께 터벅터벅
걸어다니고.

딸이 인터넷으로 주문해갖고 자전거를 보냈어. 그래갖고 자전거
갖고 나간께 어쩨 똥치[149]가 아픈가. 딸이 한번 와서 잡아준다고 한
디. 어매, 이건 사다줘도 못 한께 놔둬불고 못 타고 있다가. 내가 부서
지냐 니가 부서지냐 달밤에 나가갖고 열 바쿠씩 돌아. 타든지 못 타든
지. 넘[150]은 다 타는디 이렇게 모지랄까[151].

상당히 여러 날 다녔어. 여하튼간에 끄꼬 다녔어. 저 운동장 중학

교 운동장에 가갖고 거그서 어찌 탄께는, 어매 이란께 탄 것을. 저 아래 총각이 있어. "아따 아짐, 밀어줄라고 왔는디 타네." 운동장에서 몇 번 하고 그래갖고 탔단께. 지금은 인자 선수 되았어.

우리 아저씨 살아 계시믄 데이트도 하고 좋을 것인디. 아저씨는 불쌍하고 나는 재미있고. 몸건강하고 아프지만 않으믄 괜찮허고. 우리 메느리가 "어머니는 왜 우리한테 안 오세요." 그라믄 "아야, 난 맛있는 거 묵고야 노인대학 다니믄서 살아야겠다." 그라제.

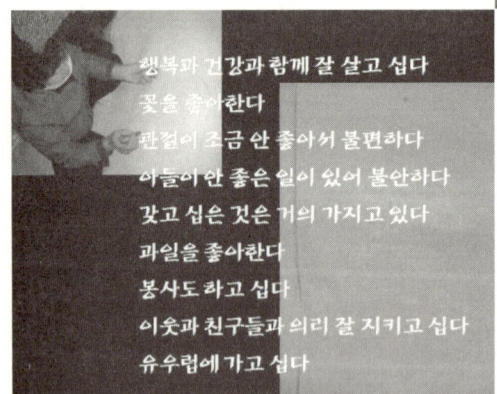

행복과 건강과 함께 잘 살고 싶다
꽃을 좋아한다
판겁이 조금 안 좋아서 불편하다
아들이 안 좋은 일이 있어 불안하다
갖고 싶은 것은 거의 가지고 있다
과일을 좋아한다
봉사도 하고 싶다
이웃과 친구들과 의리 잘 지키고 싶다
유우럽에 가고 싶다

그렇게 애기가 착실해

작은아들이 서른여섯 살 묵었은께. 섣달에 와갖고 초하룻날에 낳았어. 스물닛에 낳았겄네. 큰아들이 김성민, 칠십삼년생. 젖방살이 때 낳고. 작은아들 김민오, 두살새, 스물여섯에 오막살이할 때 낳고. 딸이 김정아, 지금 스물여덟인디, 서른닛에 여그서 났제.

인자, 맨 처음에 큰놈이 중학교에 갔는디 수학을 엄청 잘했어. 우리들은 학교에 대해서 모르잖아요. 공고로 해주드마. 수학을 잘하니까 대학을 보내고 싶제. 선생님이 가정환경을 아니까 그렇게 해주드마. 과를 뭔과로 선택을 할래 그랗께, 저도 애기라 잘 몰라. 아부지하고 해서 계기과를 선택을 해불드마. 맨 일등이제.

큰놈이 학교에서 뭐시기 뽑혀갖고 교육을 갔는디 나보고 가자고 해, 애기가. 나도 수원이 첨이라 어디가 어딘지 몰라서 여관을 잡아서

둘이 잠만 자고 나온디, 그때 돈으로 만오천 원 주라고 하드마. 나와서 식당 문도 열기 이른 아침이여. 비빔밥을 한 군데서 먹고 가는디, 나 혼자 보낼라니까 못 미더운 거여. 그랑께 택시에 탁 태워서 터미널에 보내분 거여.

　버스를 타고 시골을 내려온디 어째 눈이 많이 와 앞이 캄캄하니 안 보여. 내 눈에서도 앞이 안 보여. 띠어놓고 온디 기가 맥혀. 옆에가 아줌마가 말을 걸어. 이마저마 해서 저렇게 띠어놓고 온다고 그랬드니, "그란 디는[152] 엄청 잘 들어간 건께 걱정 마시오." 그래.

　작은아들은 얼른 취업이 안 돼갖고 학원생활 하다가 군대에 가고. 제대하고 나와갖고 또 학원생활을 한 거여. 우리는 여하튼 뒷받침만 하제. 그랑께 저도 얼마나 니가 났는가, "아이고 엄마, 이 기약도 없는 공부……." 애기가 거기다 집중만 한거여, 여하튼간에. 그렇게 애기가 착실해.

　큰아들 결혼하고, 작은아들도 거기서 둘이 만나갖고 결혼하고 저라고 살고 있고.

　딸도 광주 이모집 가서 살았어. 이모집에서 다른 과 가지 말고 동사

무소 들어가게 그런 데로 가거라 그랑께, 그것이 아니여 그것은. 디자인과로 딱 선택해서 거그를 다니네. 디자인과는 돈도 엄청 들어. 저 밑으로 미싱도 사줘야 되고, 천 같은 거 뭐 그런 것이 엄청 들어.

뒷바라지를 했제, 서울에다 방도 얻어주고. 졸업을 마쳤는디, 인자 홈쇼핑 한다고 그래. 결혼해갖고 해라 반대를 해부렀어. 지금 생각하니까 해 줄 거인디. 어떻게 지가 해보도 안 한 장사를 하냐고 그랬제.

그것만 여워불면153) 시원하겠는디. 나 혼자 맘대로 살겄는디.

오늘 아침에 우리 딸래미 생일이여. "어쩔끄나, 나는 미역국 먹는디 너는 못 묵겄다." 그랑께, "엄마는, 원래 혼자 쉰디." 그라고 있어.

생전 짠해서

우리 친정 육남매, 딸 셋 아들 셋이 틈만 있으면 모여. 그렇게 재미질 수가 없어. 지금은 큰형부 돌아가시고 막내 오빠 돌아가시고 우리 식구154) 돌아가셔분께. 차가 없고 그랑께.

할아부지가 엄청 엄해갖고 학교 보내믄 굶을 줄 알고 그렇게 안 보냈어. 한 명도 안 갈쳤당께. 학교를 안 보내준께 오빠들이 외입을 나갔제.

때가 일학년이나 이학년이나 되았겠제. 여덟 살. 옛날에는 목화를 타다가 명을 잣았잖아155). 명대를 할머니 몰래 감춰갖고 소죽을 쒀. 그전에는 불 때서 밥하디끼 해줬잖애. 옹기그릇 요만한 것에다가 빨강물 파랑물 노랑물, 삼색가지 소156)를 뜬거여. 남자가, 오빠가. "오빠 뭣 떠?" "나도 모른다." 그라믄서 나를 막 골렸잖아. 그란디 내중에

는 얼마나 떠갖고 손가락 떠갖고 맞추는 거여. 내 장갑을 떠준 거여. 오빠가 그렇게 해줬어.

그런 동생을 없는 데[157] 여워갖고 보니 얼마나 짠해. 끄니도 없어 갖고 보리쌀 한 되 그놈갖고 밥해묵고. 하루 종일 일해도 쌀도 아니고 보리쌀 한 되 줘. 석유에 곤로하고 글안하면[158] 나무에다 불 때고. 아저씨가 짚가마니 짜고 고거를 할라고 새끼를 꼬고 있는데 보기 싫어 죽겄어. 한번은 우리 오빠 모시고 갔는데 그라고 있네. 나는 보기 싫어 죽갔는 것이여. 그때만 해도 오빠 오셔도 밥도 못 해드렸당께. 생전 짠해서.

위매 우리 오빠, 우리 오빠가 엄청 짠해. 오빠가 있었으면 당신이 가서 일 봐주고 할 테제. 일하러 가다 옴시로 감시로[159] 묘가 보여. "우리 오빠, 우리 오빠." 그람시로 지나가고.

그렇키 집에들은 왔다갔다

최정자는 자기 큰집서 살다가 영동이란 데로 저금을 났어. 거그서 살다가 이웃집 들어온 거여. 한 부락 아짐이다 그라고 살았제. 지금 이렇키 다니니께 친해져부렀제.

너무나 일을 많이 했어, 거기는 농사가 많애갖고. 순전히 몸으로 해분께160). 부지런한께, 작업을 많이 한께 잘 벌어. 저제161)에 같이 다녔제, 아침마다. 시장통 아짐들이 그렇키 집에들 왔다갔다 왔다 갔다 두 젊은이들이 돈백에162) 모르고 얼굴 다 베리고163) 다닌다고 그래. 얼굴에 뭐 바르도 안 한께. 그때가 한 오십 그 정도였겄제.

하다 돌아다닌께 옆에 아짐들이 그래. "오늘은 어디 안 가는가." 어저께도 아랫집 아줌마가 "이렇게 나락164) 널어놓고 갈라?" 그랑께 "나락 널어놓면 지가 말르고 소나기 오면 지가 맞고." 못 묵으면 못

묵고, 묵으면 묵고 그라고 살아야제. 돌아간 대로165) 살아야제.

　최정자는 일만 하고 있었제. 한번 나와서 운동 하더니 지금은 나보다 더 한다니까. 풍물하면 같이 가고 에어로빅 하면 같이 가고. 여하튼간에 안 빠져. 버스 기사님들이 우리 춤추러 다니는지 알았대. 상수도통 싣고 가는 기사님이 "아따 아짐들 춤추고 들어오네." 그래. "말도 아닌 소리 하네, 운동하러 대니제166)." 그랑께 "그래라?" 그래.

내 인생의 장면들

연도	나이	장면
1950	한 살	십이월 육일 전라남도 강진군 대구면 계율리 계치부락에서 육남매 중 막내딸로 태어나다
1955	여섯 살	오빠와 올케가 결혼 후 일 년 만에 온 날 오빠를 따라 오빠의 처가에 가다
1956	일곱 살	큰언니가 결혼할 때 꽃신이 너무 귀여워서 보듬다
1957	여덟 살	둘째 오빠가 중학교를 못 가 외입을 나가고 막내 오빠가 장갑을 떠주다
1959	열 살	국민학교 삼학년 때 엄마가 무용 발표회를 보러오시다
1960	열한 살	혼자 소를 논에서부터 집으로 끌고오다가 무서워 도로 논으로 돌아가다
1961	열두 살	오학년 7월 여름 엄마가 맹장염으로 황달이 흑달이 되어 돌아가시다
1962	열세 살	육학년 대흥사 수학여행에 쌀 두 되를 이고 가다
1965	열여섯 살	사촌언니가 선생으로 있는 양재학원에 다니다
1971	스물두 살	김점주와 결혼하여 칠량면 영풍부락에서 살림을 시작하다
1972	스물세 살	큰집 젖방에서 나와 전기도 안 들어오는 초가집에서 오막살이 시작하다
1973	스물네 살	칠십삼년 삼월 십일 큰아들 성민을 낳다
1975	스물여섯 살	칠십오년 삼월 육일 작은아들 민오를 낳고 고기 장사 시작하다
1983	서른네 살	남편이 전축과 냉장고를 사온 탓에 논을 살 기회를 놓쳐 속이 상하다
1983	서른네 살	팔십삼년 십이월 십사일에 딸 정아를 낳다
1985	서른여섯 살	미역공장에 다니며 반장을 하다
1988	서른아홉 살	칠량면 영풍마을 부녀회장을 맡다
1990	마흔한 살	남편이 머리 수술을 하다
2006	쉰일곱 살	남편이 암선고 삼 개월 만에 세상을 뜨고 삼 개월 뒤 막내오빠가 돌아가시다
2007	쉰여덟 살	에어로빅, 풍물 등을 배우러 다니면서 동네 친구 최정자와 가까이 지내다
2009	예순 살	막내오빠 사후 힘들어했던 막내올케가 돌아가시다
2010	예순한 살	농사짓고 마을 안팎을 오가며 "돌아간 대로" 살고 있다

2장
나 살아온 이야기는 징합소

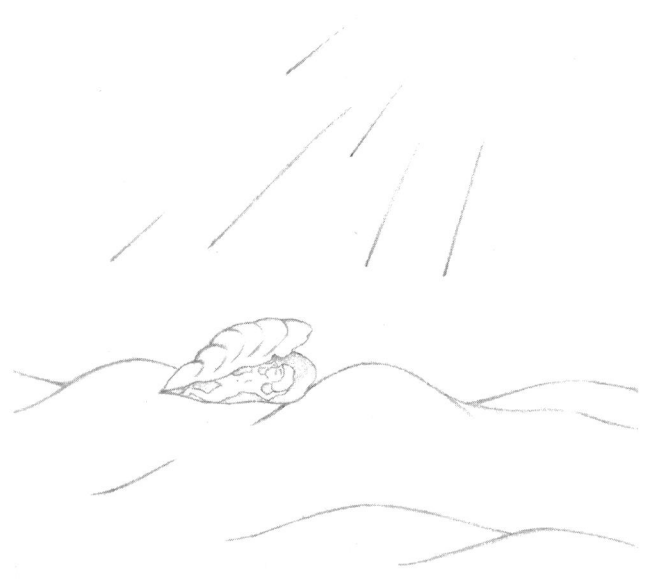

생전 쌍둥이만이로

최영애라고, 어려서는 거그하고 나하고 이우제[1] 살고, 오고가고 같이 크고. 학교 다니면서 병단이하고 친해지고. 졸업 타고는 영애는 서울 가불고. 병단이하고 나하고는 한마을에 살고, 같이 양재학원도 다니고 그라고 컸어.

치마도 그것 입으면 내가 딱 입고, 내가 딱 입으면 그것도 딱 입고 생전 그라고 서로 시새워서[2]. 열일곱 살 먹어서 양재학원 댕김시로 그때 한참 옛날에 밤색 다우다[3]같이 생긴 것이 울룩불룩 울룩불룩하게 생겨갖고, 그것을 허리춤에 해서 블라우스 만들어서 치매를 집어여코[4] 둘이서 똑같이 입고 댕겼어. 생전 쌍둥이만이로.

그래갖고 내가 그것하고 친하게 살다가 그것이 인자 연애를 해분께 나를 옴딸싹[5]을 못하게 하고. 내가 완전히 시집살이 해부렀제, 그

서울 양재 전문 학원 제1회 졸업생
1962. 2. 24.

것 땀새. 연애걸까매. 옛날에는 연애 걸믄 큰 숭이거든. 우리 집안에 언니 하나도 연애 걸어서 집안이 다 안 가부렀어, 결혼식 할 때. 얼매다 단속을 한지. 못 해, 우리는 연애를. 울 엄마가 우리를 보고 살았는데. 그랑께 속아지가 생겼나봐. 엄마한테 그렇게 가슴 아플 짓거리를 안 해야 쓰것다.

오빠한테 편지를 보내믄 군대에서 군인들이, 보도 못한 군인들이 편지가 오드만. 엄니 앞에서 편지 읽음시로 찢어부리라믄 찢어부리고. 오빠가 엄하게 했어. 그래갖고 연애걸고 그런 거를 완전히. 오늘날까지도 한 여자랑만 살제. 우리 어매도 정조를 지키고 그 젊은 청춘에 우리를 보고 살았는디, 내가 이런 짓거리 해야 그런 마음을 잡샀는가봐6).

그때 당시 없으니까 학교를 못 보냈잖아. 국민학교밖에7) 못 나오고. 공부도 잘 하고 급장으로 나왔는디 한문만 갈키고. 커서 정치활동 같은 걸 하고 댕긴께8) 우리 엄마가 그때는 탄복을 했지. 내가 뭣하러 밭 사고 논 샀는고. 자식 하나 갈칠걸.

나 커갖고 중핵교를 간다고 하니까 친정엄마 말씀이, 아야, 내가 둘도 없는 오빠도 중핵교를 안 갈치고 논밭 사니라고 그랬는디, 생활이 펴졌다고 그래갖고 너를 중학교 보내믄 넘한테 손가락질 받어야. 아들은 안 갈친 사람이 딸을 보낸다고. 그랑께 내가 두말도 못 했어. 아 그란갑다, 오빠도 안 보냈는디. 그래서 학교라고는 생각을 안 해부렀지. 오빠도 안 갈쳤는디. 우리 엄니가 딱 그렇게 말씀하시더라고.

나는 우리 동갑짜리하고 놀도 안 하고 병단이하고 우층하고9) 놀았어. 서리도 같이 하러 가믄, 그랑께 나는 통이 적은께10) 서리도 못

해. 서리한다 하믄 난 참지름11) 주라 해. 함머니12)한테 "함머니 오늘
저녁에 참지름 줘. 오늘 저녁에 나가께." 그라고. 승낙 안 받은 날에는
혼나부러. "이, 가그라." 그라믄 이렇게 네모 등에다 써갖고13) 등불
잡고 병단이 산 쪽으로. 거가 군대가부렀어 우리 집안 언닌디, 형부
가. 거그 가서 놀아, 큰애기들이.

병단이 광주로 간 뒤로는 한참 연락이 끊어졌어. 그라다가 구십 이
년도에 누구 대사14)를 치르러 갔어. 결혼식을, 광주를. 한복을 입고
이, 호순이하고 둘이. 나는 김치를 담아갖고 김치 보따리가 두 개나
돼. 식 끝나고 둘이 들고 가. 나는 터미널에 내려서 애기들 자취방에
가려고 그란디. 뭔 아저씨가 "어짠 일이요."

"누구시요. 나는 모르는 사람인디." "어매, 나를 몰라? 어매, 나를

모른단 말이여." "모르는 사람인데 왜 그라요." 시내에서 그랑께 성가
셔갖고. "모르는 사람이단 말이요." "참말로 몰라라?" 이름을 불르네.
"아, 만식이를 몰라라?" "이?" 세상에 한동네 총각인디. 병단이 신랑
생각도 안 했제. 뭔 남자가 그란가 했제.

　"그람 어서 사시오?" 어서 산다 그래. 무슨 아파트래. 적어주라 했
어. 저녁에 자고 집으로 병단이를 찾아갔어. 그래갖고 병단이를 만나
게 됐제. "동창계하자, 야. 시상에15) 몇 년 만이냐. 왜 이렇키 둘이
다 멍청하다야." 그래갖고 인자 동창계를 구십이년도에 조직했제. 여
태까장 한 달에 한번쓱.

우리 엄마 얘기가 진짜 뭣한디

　우리 엄마 얘기가 진짜 뭣한디. 우리는 원당[16] 삼 남매. 언니 하나, 오빠 하나, 나. 우리 엄마가 우리 삼 남매를 보고 홀로 살았어, 서른둘에 혼자 되셔갖고. 우리 할아버지는 나 여섯 살 먹어서 돌아가셔불고. 그래갖고 계속 우리 할머니하고는 인자 같이 살았제. 우리 언니는 열아홉 살 먹어서 시집보내고. 우리 오빠가 나 열야닯 살 먹을 때 군대 가불고, 군대 가분께 일꾼 데꼬 살고.

　나 스물한 살 때 오빠가 제대 막 하고 결혼했으까. 올케가 시집와갖고 그 애기를 내가 받아. 우리 엄마가 어디 가셨어. 올케가 진통한다고 난리여. 애기를 낳으면 저렇게 무서운가부다 그라는디, 올케가 불러. 애기씨, 물이랑 끓이고 국이랑 끓일 준비 다 하라고. 생전 그런 거 굿도 안 보다가. 무섭드라고. 그라고는 방에서 애앵하고 애가

울어.

내가 애기를 엄청 이뻐하거든. 넘의 애기 이쁘다고 데꼬 놀다가 애기가 똥싸불믄[17] 내가 못 친께[18] 함머니한테 욕 뒤지게 얻어먹고, 저놈으 가시나가 넘의 애기 데꼬와서 성가시게 한다고. 조카가 생전 첨이제[19]. 이뻐갖고.

그란디 머리가 요기 이렇게 길더라고. "오매, 성님 이게 왜 이렇게 생겼소." 낳다가 쉬면 그렇게 된다고 그러드마. 인자 큰일났어, 나 보기에는. "워매, 이런 아를 어치게 데꼬댕기[20], 어치게 데꼬댕기." 내가 그랬어. 올케가 "애기씨 괜찮해." 그래.

뭐시기 피묻은 빨래 다 해놓고는 다 널어놔두고 기저구[21]를 해갖고 손수건 이렇게 해갖고 눌렀어. 그랬더니 그렇키 이뻐져부러. 우리 함머니는 늙으셔논께 벌벌벌 떨고. 우리 올케는 다 해봤드마. "애기씨 이렇게 해, 이렇게 해." 다 갈켜줘. 태[22]는 여기다가 꽉 묶으라 해. 한가운데는 잘르고.

　그라고 살다가 스물시 살 먹어서 중매쟁이가 두 간데서 달라들어 갖고. 선볼 적에는 이상 모르고 봤어. 그랬는디 옷을 맞추러 갔소 안23). 약혼 사진을 찍드마. 그란디 어찌케 얼굴을 본께는 여가 딱 주름이 졌어 인자. 그러길래 인자, 오매매 주름이 져서 못 쓰겄다고 안 한다 했어.

　안 한다 한께 우리 엄니가 돈 사만 원 딱 주대. 사만 원 줌시로24) 나가라고. 나는 너같은 딸 둔 적도 없고 하늘같은 남편도 죽고 살았는 디 딸 자석25) 니같은 거 하나 없어도 내가 못 살 내 아니다. 너 아니어 도 언니도 있고 오빠도 있고 그랑께 나가부라고. 니가 넘26) 말하기 좋게 홀엄씨27) 딸 소리 듣게 만들었다고 나가라고.

그란디 안 나가믄 큰일나부러. 소리질러부러. 어째, 올데 갈데가 있어야제. 그래갖고 인자 재종오빠가 넘의 집 살아. 그란디 거그 형님이 혼자 애기들 둘 데꼬 있어. 가만가만 인자 그리 갔어. 가갖고 있은 께 그 성님이 "애기씨 어짠 일이요?" "형님 혼자 있는지 알고 놀러왔어." 그랑께 "놀러온 사람은 아니구만." 그래. "아니, 놀러왔당께." 그랬어.

새벽 네시나 된께 성님이 델러 왔어. 보나마나 이리 갔을 거이다 그라고. "애기씨, 언능 오이소. 오빠 알믄 난리나불 것이여." 성님 따라서 들어가갖고 인자 결혼했제.

내가 엄청 욕심이 많았던가 봐. 왜그냐하면은 우리집 식구 누구가 새신을 신었든가봐. 꼴을 못 봐, 나도 사줘야 돼. 그란디 생각해 본께 로 누가 사신은께 그랬제, 내 것도 새신인디. 그 생각이 나, 파란 반구두여. 가슴28) 흰테두리하고 그랬는디.

"영애야, 영애야!" 그랑께 오드마. 신을 찢자고 했더니 영애가 풍나불라고 해29), 안 한다고. 안 할람 말아라 그라고 내가 찢어갖고.

밭에서 밭 매고 오시드마. 내가 아홉 살에 젖을 묵었제. "엄니!" 그랑께 밭 매고 오시는디 "나 신 찢어져부렀어" "뭣이 찢어져야?" 깜짝 놀래. "여봐 여." 회초리로 가갖고 얻어터지게 뚜드러패부리네. 신을 방금 사줬는디 요놈으 가시내가 못된 짓거리 했다고. 그놈이 생전 머릿속에가 남아갖고 있제.

그래갖고 한번은 인자 "엄니 젖 줘!" 그라고 젖을 묵을라고 달라들 믄 안 줄라고 한디, 한번은 "얼른 와, 젖 묵자." 그라드마. 함머니하고 밭매고 오셔갖고. "이." 그라고 젖을 뿐께30) 어찌케나 쓴지 댈 수가

없어. 사래물이라고 젖에다가 찐을 발랐든가봐. 쎗바닥31)으로 이렇
키 했제. 그렇키 쓰더라고.

그래도 인자 바가지하고 물 떠갖고 와서 닦아갖고 또 와도 써. 그래
갖고 어찌케 점심때는 닦아갖고 어찌케 그놈 묵었어. 저녁에는 더 칠
해갖고 왔어. 저녁에는 묵을라니 묵을 수가 있어야제. 일곱 살이나 먹
어서 할아버지 돌아가셨구마, 그랑께 여섯 살이나 묵어서.

작은방에 둘이, 우리 엄니하고 나하고 둘이 자제. 큰방에 할아버지
할머니 자고. 저녁 내 울었어. "위매, 나 젖 잠 줘야." "아야, 거 듣기
싫어서 못 듣겄다. 가서 젖 잠 줘야." 그라믄 기가 살아갖고 "젖 잠 줘
야." 울고 징하고. 아홉 살 묵어서 젖을 떨어졌제. 학교 갈람시로.

지금 생각함시로 엄니가 혼자 몸이라 나를 데꼬 다니셨던 것 같애.
엄니가 제사 지내러 가믄 저녁에 거그 가서 젖 만지고 자, 큰애기가.
열야닯 살 묵도락 어매 젖을 달아 보고야32) 잠이 오제. 그라고 내가
우선33) 짓거리를 했어. 그랑께 다 올케들 웃고 징하제. "저라고 어찌

케 시집가 살까. 시집 가갖고 십 일 만에 지앙길34)을 간께 집안 올케
들이 "아야, 서방님 좋다. 그렇게 저녁이면 젖달고 그라더니 그래도
어매 떨어져서 열흘 저녁이나 자고 안 와야, 아조." 그라고 골리고.

엄마한티 그렇게 환장해갖고 내가 이 고생 해부렀제. 엄마를 안 따
랐으면 직장 생활 했을 거인디. 편물을, 옛날에 쉐타 짠 거, 그것을
편물이라 하거든. 그랬는디 나락 그때 스무 가마니, 그놈 가지믄 광주
가서 그것을 배우겄드마, 편물을. 인자 우리 친정 엄마보고 "엄니 나
편물 배우까?" 그랑께, "그래라." 그래. 그래서 광주 갈라고 생각을
했어.

해놓고 생각한께는 나락 열섬 들어간 것은 떠나서, 집에가 인자 할
머니하고 친정엄니 둘이뱃에 안 남은께. 오빠는 군대 가서 없제. 그래
서 못 가겄더라고. 편지가 오믄 답장도 해줘야 쓰고. 한 달이면 넉 장
쓱 오더라고. 누가 그것을 해줄 것이여, 내가 없으믄. 그래서 그냥 접
어부렀제.

접어불고 인자 오빠 삼 년 살고 온디, 논을 그놈을 보태갖고 농사짓
고. 그래갖고 논 너 마지기를 샀제 인자, 팔백 평을. 그랑께 오빠가
논 샀다고 징하드마. 왜 논을 샀냐고. 그래도 그놈 사고 그래논께 논
많애진께 오빠는 좋제. 딸네들은 시집가분께.

졸업 타갖고도 빠마, 미용 기술을 배울라 했는디 엄마랑 못 떨어진
께 못 가부렀어. 인자 뭐 된 사람이 현대 미장원을, 인자 극장 앞에서
미장원을 하드마. 생전 밥도 안 해보고 암것도 할 줄도 모르는 덜
레35) 머슴이제, 인자 아조. 그란디 가기는 갔는디. 인자 머리도 풀어
보고 짱크고36) 하라고 할 줄 알았드만은 그것이 아니고 내 생각하고

딱 틀려.

그라고는 물을 길러가지고 독아지에 붓으라고 하고. 참, 이 항아리에 붓드마. 강진 군청 새암에서 상당히 멀어, 이상 멀드마. 거그를 물을 질러다가 독아지 두 개에 물을 이빠이 채우라고 하드마. 인자 그놈을 한디, 양철통으로 인디, 딱 반절 해갖고 일 수가 없어.

강진 군청 앞에 새암37)에서 이렇게 이어주라고 하믄, "아줌마, 물잠 이어주시오." 그라믄, "오매, 키는 쪼싹38) 커갖고 물도 못 여." 그래서는 "저 이거 안 해봤어요." 그래갖고 물을 인께 앞으로 갈라다 뒤로 갈라다 기가 맥해.

와서 독아지에다 두개를 채운께는 "아이고 아가, 밥 잠 안 해." 그라는디, 밥도 안 해봤는디 인자. 오매, 갈수록 산이여. 우리 시골에는 땔나무를 푹푹 때제. 그란디 왕겨39)도 아니고 그 톱밥, 그 가래톱밥을 딱 놔두믄은 이렇게 붙여갖고, 땡겨서 붙여갖고 하라고 한디 생전 안 해본 것을 어찌케 할 수가 있어. 그래갖고 나무짝에다 가구나 만든 놈 있드마, 그놈갖고 밑불[40] 해갖고 땡겨야 쓴디 오매매, 그놈 함시로 내가 얼매나[41] 울었다고. 오매, 내가 뭣하러 왔으까 우리 집에선 이렇게 안 한디. 그랑께 미쳐불겄드마[42].

어찌케 하든지 내가 오늘 저녁에 잠을 안 자고. 이 산 모퉁이 거가 무선 디여. 거그만 탁 넘어가믄 우리집 가겄는디 그 생각만 하고. 밥은 되도 안 하고 직쌀나게[43] 울고 있는디. 거그도 함머니가 있드마. "아이고, 아가. 안 해봐서 못 하겄냐." "나 이런 거 안 해봤어요." 인자 그랑께는 "오매, 그라믄 내가 때주마." 그라드마. 다 어긋나분당께, 성냥 쳐갖고 탁 하믄 톱밥 좀 땡겨놓고 이라고 불붙이면 확 날라가부러. 내가 열여덟 살 먹어서 그 고생을 했어. 무단히 하루 저녁에.

그 미장원 아짐이 우리 함머니 사촌오빠 딸이드마. "아가, 저녁에 나랑 극장에 가자이." 그러드마. "아니, 나 안 가요." 인자 안 간다 했어. 그랑께는 "아야, 나랑 같이 극장에 가자. 방을 따로 너를 하나 주리야, 나랑 같이 자끄나, 글안하믄[44] 함무니랑 잘래." 그라드마. 열한 나 식구드마, 식구가. 그거 저거 전부 안 한다 했어. 그래갖고 어찌케 상을 전부 놔놓고 김을 궈서 놓고 쥐포를 궜다드나, 뭣을 영낙없이 해 놨다 하드마, 내가.

그래갖고 언니집을 간다 했어, 언니가 거그 산디, 인자. 가로등이 쎠져갖고 있는 데를 훤한께 못 우고. 막 울고 가. 이― 이― 그라고. 언니집 감시로 그라고 울고 간께는 언니가 "오매, 오냐. 글안해도 델러 갈러 했는디." 인자 더 서럽네. 아조 막 울어부렀어. 성부[45]고 뭐고 필요없이. 그라고 한께는 "아야, 가지 마라, 그러고 죽겄으믄. 안 가믄 되지 뭣하러 우냐." 위매, 아조 어매가 보고자퍼46) 죽겄네. 아조 미쳐불겄어. 그란디 언니 집 가니까 그거이 싹 없어지드마, 인자 성제간 집이라. 언니가 첫애기 난 놈 있은께 그놈 업고.

한 오일이믄 장이 돼, 오일장이라. 우리 엄니는 나 거가 있는 줄 알고 고구마 한 소쿠리 이고 "애기씨." 그라는디. "성님, 애기 안 왔소. 아니, 애기 없소. 오매, 첫날 와갖고 밥이랑 영낙없이 우중스럽게47) 해서 상이랑 딱 놔놓고는, 극장에 가자고 해도 마다하고 즈그 언니 집 간다 하드만은 즈그 언니 집 있는 것이여."

엄니가 거가 고구마 붓어주고 언니 집에 왔던 거이드마. "오매, 막둥이 여가 있냐." "이." 오빠가 또 징하드라 해, 데꼬오라고. 뭣하러 강진 보냈냐고. 삼 남맨디 언니 시집보내고 둘인디, 늘 쌈하고 다투고 그라고 살아도 허전하제. 그랑께 데꼬 오라고.

나 스물한 살 먹어서 올케하고 산께 인자, 난 암것도 안 하고 밥도 안 하고. 여하튼 소 뜯긴 것이 일이여. 소를 뜯긴다 해. 소 데꼬 댕게, 끄꼬. 소가 풀 뜯어먹고 오제. 오믄 배가 덜 찼다고 쫓아 보내고. 아버지가 없은께 오빠가 엄해갖고. 네 살 새여, 나하고. 오빠가 그렇게 무섭더라고. 오빠가 막 뭐이라고 한께 울고 또 소 끄꼬 나가고.

그 소 뜯긴 것이, 큰애기 때 시집올 때까지 소를 뜯겼어. 오빠는 장터같은 데 내려오고 거그 인자 뭐시기서 바둑 두고 장기 두고, 소는 생전 내가 뜯게. 그래갖고 일꾼은 소 깜48)같은 거 비어다가 쇠죽 쑤고. 함머니가 쇠죽을 많이 쒀주제. 내가 소 뜯기는 것을 한탄하믄, "오매오매 너는 복 있은께 그래야. 소 뜯기는 것이 뭐이 성가시냐." 위매,

나는 소 뜯기기 징하다고. 그라고 인자 살았제. 그랑께 내가 뭣을 못 배웠당께.

한복도 했는디. 거그 언니가 딸 성제[49] 낳아놓고 혼자 됐어. 강진 읍에서 그랑께 바느질 하드마. 학원을 차린 것이 아니라 바느질 하믄서 우리 여덟이가 거그서 배웠어. 급하게 주의같은 거 들어오고 그라 믄은 저녁에는 언니 집에 가서 자야 쓴데 언니 집 가지 마라 해. "너는 여기서 나랑 같이 주의를 하자." 어째 맘이 들었든가. 옛날엔 그런 것을 많이 입고 하니까. 밤에까지 하고 그라고 자고.

또 우리 오빠가 델러 보낸 거여. 그라고 내가 안 가니까 성님이 또 왔어. "애기씨, 오빠가 보따리 싸갖고 오라고 하요." 미싱이랑 갖고 싸짊어지고 오라고 한다. 오빠 군대 보내놓고 바느질 같은 걸 해야 쓴디, 양재학원을 나와논께 그때 당시 미싱이 귀하제. 야닯 섬 주고 미싱을 샀어. 친정엄마가 시집 밑천으로 사줬어. 한복 배우고 미싱을 갖고오라고 했는디 인자 갖고온 사람이 몇 안 돼. 나하고 언니 미싱하고 시대[50]밖에 안 돼. 그래갖고 야닯이가 하고 그랑께 두 대갖고 하고 한 대는 그 언니는 계속 바느질 들어오는 거 하고.

안 갈라고, 안 올라고 한디 안 올라믄 니가 벌어서 시집가든지 말든지 하라고 한다고 또 그렇게 엄포를 논디. 그 뒤로[51] 또 와서 그래. 그란디 인자 엄니가 오셨어. "아야, 가자, 오빠가 징하다. 이녁 필수품으로 배우라 했제, 너를 그런 길로, 돈 벌어먹으라고 배우라고 한 게 아닌께 가자." 오기 싫어도 별 수 없제.

오빠는 인자 집에 와서 있으라고. 행여나 못된 짓거리 할까미[52]. 옛날에는 영화가 칠항 장터에가 들어오믄 한 달도 하고 그렇게 해. 그라믄 오빠는 저녁마다 댕게. 그래갖고 어쩌다 한 번 가자고 해. "정자야, 따라갈래?" "엄니, 나 오빠따라 영화보러 가까?" "아따, 가지 마라. 너는 나하고 자자. 내가 돈을 주마." 그래. 그라고 어매 옆에서 잠자고. 진짜 나는 어매 땀새[53] 어데를 못 갔어. 어매를 못 떨어져.

첫애기 낳아갖고 안 좋은께 병원에 가도 안 들어. 늘 아퍼. 친정으로 가라고 해, 시아버님이. 약을 먹어도 소양[54]이 없어. 우리 엄니가 점을 하러 가봤어. 오빠가 절대 그란 것을 싫어라 한디. "우짤 것이냐, 느그 동생을 살리고 봐야제." 그랑께 점을 하라고 했어.

굿을 했어. 우리 엄니가 도구통에다 다 찧어갖고 시집에 와서 쌀다 쪄서 떡 하고. 시아버니가 딱 가셔부렀어. 때가 이상 넘어. 아버님이 저녁에 안 오시대. 새벽에 일찍허니 오셨는가봅세. 우리는 아래채가 있는디. "사돈 마음대로 굿도 했은께 좋으믄 모른디 안 좋으믄 도로 딸을 데꼬가시오." 우리 아버님이. 세상에, 쓰믄 뱉으고 달믄 샘킨 것인가부다.

엄니가 딸네 집을 갔드마. 혼자 울고 징했는갑서. 우리한테는 그런 내색을 안 했는디. "방 한나를 얻어놔라." 병원에 가서도 수양을 해야 제 안 되겠다고 그라드라고. 뜬금없이 연락이 오드마, 방을 얻어놨다고. 두 달 살았어, 애기하고.

도로 와야제. 도로 와갖고 살다가 할머니 제사 때 반찬 사갖고 들어왔제. 사갖고 와서 내가 제사 모시고. 마음 쪼깐 안정시키고 어찌케 살았제.

그래갖고 우리 엄마가 애기 일 년 데꼬 있어도 돈 한 푼 내가 안 줬어. 쌀 한 되도 안 주고. 친정 부잔께55) 그러고. 그랑께 우리 엄마가 얼마나 성가셨겄어. "내가 느그 언니가 준 돈 갖고 니가 췄다고 반찬값 하라고 십삼만 원인가 느그 올케 손에다 쥐어줬다." 그래도 이 멍충이가 못 알아묵고 "친정 잘 산디 뭐." 자식 낳아갖고 키우고 메느리 자슥 얻어본께 우리 엄니가 괴로웠겄는디 내가 그렇키 바보짓 했다.

우리 어매 환갑 때 치매 저고리 주의까지 한번 해주고 제사지내러 일 년에 한 번. 한번은 전화가 왔더라고. 올케가 전화 왔드라고. "애기씨." "이." "워매, 해도해도 너무하요." 그래서, "이?" "이쁘기는 제일 이뻐라 했는디 막내딸이 엄마 생일 한번 그라고 안 댕기요." 오매 뜨거라. 브라우스 하나 사갖고 생일 한 번 쉬러 가고는 생전 안 갔어.

설 대목에 닥처서 버신을 샀어. 함머니 한컬리, 엄마 한컬리. "함머니, 영풍리 막둥이가 버선, 엄매하고 할머니하고 사줬다." 그랑께, "그년이 그래야? 모르겄다. 강진 느그 성 같으믄 몰라도." 우리 언니는 잘했어. 철 따라서 우리 엄매하고 할머니하고 스웨터같은 것도 보내고. 나는 생전 해준 것이 없어.

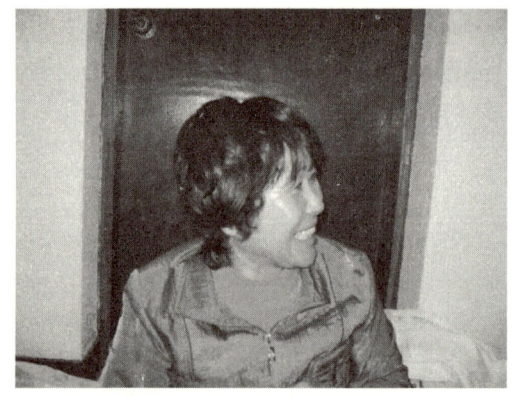

친정 제사 지내러 갔는디 함머니 돌아가시믄 울고 안 울고 그란 이
야기가 났어. 인자 우리 성, 언니를 부름시로56), "우리 정애는 나 죽
으믄 서럽게 울 것이다." 우리 함머니 말씀이. 차라리 암말도 안 할
것을. "함머이 나는?" 딱 그래. "너는 모르겄다." 딱 그라시더라고. 나
는 우리 할머니한테 완전히 찍혔어. 큼시로57) 생전 함머니 품에 안
가고 어매 품에만 가고.

나는 우리 엄니가 진짜 장하고 유명하고, 우리 엄니를 훌륭하니 봐.
에려서 송장이 돼서 있었어, 엄마가. 완전히 꿇아져갖고58) 죽게 생겼
어. 학교를 간디 공부가 안 돼. 애기가 있을 때 그렇키 아프다고 하드
마. 우리 보고 고생하셨어, 우리 엄니가.

엄마가 자기 육신 다 망가져갖고 떼밭59)을 육십 평이나 된 놈을
자갈을 파갖고 쌓았어. 우리들은 손도 안 대고. 아, 육십 평이 아니라
서마지긴께 이백사십 평을. 한번은 작은집이 못 산께, 그 밭을 주자고
오빠가 그래. "죄송하지만은 작은 집에 줍시다." "그라믄 너 알어서

해라. 우리는 묵고살 만한디." 내가 생각하믄 안 주제. 우리 엄니는 현명하당께. 그란 밭도 작은집에다 넘겨주고. 자기가 그 고생해갖고 삼사 년을 그라고 판 밭을. 우리 엄니가 진짜.

　엄니가 편찮하시다 하드라 해. 친정에 건께는[60] "나 낫었다야. 나 암시랑 안한다[61]." 그라시드마. "야, 나 낫어갖고 괜찮다. 오지 마라." 그라시더라고. "그래, 그람 모레 가제." 생각했는디, 엄니 입원하신다 전화와갖고 내일 오라 한다 그래. 기달려갖고 간께는 차가 고장이 났던가 연착되어서 못가부러. 울음소리가 난당께 금방. 이거이 뭔 일이다. 가서 본께로 삼십분 전에 운명하셨구마. 그도 못볼란께. "아야, 몇 시냐. 올라믄 아직도 멀었는디." 그라고 말씀하시더라 하드마. 그랑께는 운명하셨드마.

나는 꼭 모욕62)을 해야 애기를 낳아

첫애 가졌을 때 입덧이, 유월달에 임신을 해갖고 밭을 매다가 인나
믄은 깜깜해져부러. 참외를 넘의 밭에서 사갖고 오세. 그럼 그놈만 묵
어. 밥상 놔두고 나는 밑에층에 산께 마루에 누웠어. 일꾼 반찬 냄새
에 질려갖고 삼 개월을 밥을 못 묵어. 얼매나 죽어야 애기를 낳을까.
애기를 날 것인디 시어머니가 준비를 안 해주시드마. 암말도 아니고
눈치만 보제.

난 이상하니 애기를 날라믄 한 삼 일 빨래를 해. 옛날에는 한복을
입으니까 시아버지 시어머니 한복을 빨아서 널어서 뚜드러가지고 또
바느질을 하제. 삼 일 전부터 그놈을 다 해. 우리 첫애 낳은 날도 사흘
차 했는디 배가 딱 아프드마. 얼마나 아프다고 하더니 우짜스꼬63).
그 당시에 방위 처음 생겼구마. 신랑이 방위를 간다고 저녁에 가드마.

불을 때갖고 물을 디어서 깨끗하게 써야 한디. 못 하게 한디, 그거이 시집살이제. 큰 가마솥에 소죽을 끓여. 양철 바께쓰 있어. 그놈에다가 물을 한나 떠서 바께쓰에다 한나 끓여. 소죽 끓인 뒤로 그리 놔 뒀다가 하믄 물이 뜨거. 글로 목욕을 하제. 일꾼이 소죽 쑤고 가분께 "바께쓰 한나 언거 주시오." 신랑은 밥묵고 지서로 가불제, 인자. "저녁에 집에 잠 오제." 그라니까 "뭣하러?" 그라길래, 무참해갖고(64) 암 말도 안 하고 "내비 둬, 그라믄."

옷이 암것도 없으니까 솜 쪼깐하니 놔갖고 바느질을 해야 쓴디. 초꽂이 불인디 그거가지고 미싱질하긴 성가셔. 큰 남포등 있어. 그놈에다 불쓰면 훤하제. 미싱질이 다 끝나간디 무장 시간이 잦쳐65). 배가 아픈디.

실을 놔나갖고 여놓을라고66) 한디 누가 턱턱 뚜드러. 신랑이여. "워매 안 온다고 해놓고." "왜 잠 안 자고 있는고." "잠 안 온께."

앉겄는디 계속 주리를 틀어, 아퍼. 아저씨가 "약 사러가까?" 그라는디 "봐 갖고 해." 그라고, 시어머니가 엿봤든가봐. 산달이라 저것이 애기를 낳을랑가나 어쩐가. 푹 들어오세67). 옷을 벳기드마68). 내 치매69)를 입어라. 치매를 벳겨주드마. 한시 십오분 된께 애기를 낳아. 애기가 쬐깐해부러. 힘을 푹 줬는디 애기가 나왔다 해. 애기 낳기 징하게 수월하네.

그란디 큰 딸을 낳았는디 똑같이 정월에 낳은디 빨래를 사흘 했어. 어찌 기침이 나오든지 오짐이 질금질금 나와부러. 저녁 내 잠을 못자고, 초저녁부터 기침한 것이. 여섯시부터 애기 기미가 있드마. 어머니한테 식사하시라고 하고 나는 못 묵겄어. 큰 것은 그렇게 수월하게 나부렀는디. 이것은 힘을 주라고 하믄 당멀었고70), 힘을 주라고 하믄 당멀었고.

그라고 애기를 낳았는디. 시어머니는 할 줄 모르더라고. 함머니가 다 해부러갖고 모른대. 모욕 다 시켜서 눕혀놨는디. 인나갖고71) 갈켜만 줬지. 내가 못 인나부니까. 내가 모욕도 못 시키고 탯줄도 못 자르고. 첫국밥을 해갖고 와서 막 인났는디 내가 쓰러져부러. 깜깜해져불드마. 밥을 토했다 해. 한참 있은께 정신 나드라 하드마.

다섯을 낳았는디 다른 건 수월하게 낳았어. 막내를 낳을 때 죽게 생겼어. 초겨울인디 마람을 엮어서 지푸락으로 짚을 덮어야 돼, 일 년에 한 번쓱. 일꾼 밥해 줘야 쓰고 한디 사람 죽겄어. 장터로 술을 받으러 간디, 금방 나올라 해. 걸음을 찬찬히 걸어갖고 집으로 온디 포로시 왔어. 애기가 금방 나올라 한께.

그놈을 서른넷에 낳았는디 죽겄어 인자. 한 네시나 됐을까 그랑께 끝나드마. 죽겄은께 일꾼 그냥반 보내고 큰놈부터 차근차근 모욕을 시키제. 머리감고 모욕을 시켜갖고 옷 딱 갈아입히고. 빨래 싹 빨아서 널어놓고 방에 들어간께 딱 여덟시드마. 인자 머리 모욕을 해야 쓰겄어. 나는 머리모욕을 하고 애기를 낳거든.

배가 아퍼. 아저씨가 그래. "여자가 멍청해갖고 그렇게 죽갔으면 진작 말을 하제." 진료소 가자고, 리아카 타자고. 나믄 딸, 나믄 딸, 딸 싯을 놔논께, "딸 날라믄 뭘 우세스럽게[72] 진료소 가라, 집에서 낳아." 그라는디 리아카 타라고 난리여.

그라다 잠들어불드만. 일이 된께[73]. 열두시 한시 안에 낳아야 쓴디, 그래야 시가 존디. 내가 죽을라고 이랄까 어짜까. 아까 리아카 탈 것을. 시간이 점점 가는데 아픔시로 애기는 안 나오고. 신랑은 잠자니라고 코 들들 골고 있고. 워매 죽겄는고, 워매 죽겄는고. 그라고 본께 한시가 딱 넘드라고. 어째서 본께 힘이 쥐어져. 그래서 본께 애기가 나와부러.

워매, 난 보도 안 하고, 또 딸 나부렀네. 신랑이 자다가 뽈딱[74] 인나서 보느니 "아니, 아들이여." 그래. 인나서 본께 대차 봉아지가 달렸대. 워매워매 나도 아들 날 때가 있네. 그래갖고 탯줄 자르고 모욕까지 다 시키고 남자한테 시켰어. 솥에다 밥을 해도 전기밥솥에다 퍼놓으라 하고. 마호병에다가 미역국 끓여갖고 퍼놓고, 한나는 따순 물

담어놓시오 그랬어.

그랬더니 암것도 안 해부렀어, 남자가. 한시 십오분에 낳았는디 다섯시 된께는 배가 고프제. "예 말이오, 밥 잠 주시오." 잠이 안 와 배고픈께. 냅 둬불고 있다가, "위매매, 나 밥 잠 주랑께. 나 배가 고파 죽겠구만은." 국을 디고 밥을 딘다고 해. "위매매, 솥에다 전기밥솥에 안 퍼놨소." 동지라 십이월 달인디 그 차디찬 걸 퍼갖고 왔어. 묵었제, 배고픈께.

오후 네시가 된께 친정어머니가 오시드마. "아야, 샛밥75) 먹었냐." "이. 아침 일곱시에 먹었는디." "이거이 뭔일이다냐, 애기 어매가. 묵고 돌아서면 배고프고 배고프고 그라는디." 그게 얹쳐부렀던가봐. 배도 안 고픈께 이야기만 하고 앉았제, 드러누워서. 엄마가 뜨거운 밥이랑 국을 주드마. 밥 수저 한 숟가락 넣은께 앞뒤로 찌지고 쑤셔. 온 방을 기어, 내가. "오매매, 내가 얼마나 아프면 죽을까, 오매매." 앞뒤를 뚜드라76). 막 뚜드라고 온 방을 기어.

저녁 열한시에 그랑께 차마 약국을 못 가. 하다 못해서 엄마가 새벽 네시에 가셨어. "위매매 우짜스꼬, 내자슥 죽으믄. 내가 가서 깨워야 쓰겠네야." 진통제를 췄든가봐. 묵어도 소양이 없어. 막 숨을 못 쉬어. 니 발로 기어. 닝게루에 뭘 넣어갖고 왔는가 또 사그라니 가라앉았다가 또 그러고 또 그러고.

사주간 아무것도 못 묵었어. 울 엄마 말이, "애기 어매 수발하러 왔는디 미역국 하나를 못 끓여주고." 그라드마. 어디 아픈 덴 없는디 내가 발을 딱 디디믄 퉁퉁 꺼질 것 같어. 영낙없이 죽은 줄 알았는데 살았단께.

　그라고는 어쩨 남자애기가 부잡스란지77) 지금같으면 내비뒀으면
쓴디 더런 것을 못 보제. 갈아 입혀야 되고 갈아 입혀야 되고. 내가
이고 나가서 마을 앞에서 빨래를 하는디. 그때는 고무장갑이 없잖아.
맨 손으로 했제. 방으로 들어가서 그대로 누웠는디 이빨이 덜덜덜덜.
이불을 두 개를 덮어도 영 뒤처리가 안 좋아부러.

그거이 죽어불믄 미쳐불겄드마

　그라고 맨 일이제. 집에서 청소만 하고 빨래만 하고 살았제. 살아 본께 들일을 해야겄드마. 넷째 딸을 낳아서 있어 보니까 안 되겄더라고. 따로 분가해갖고 사니까 일손을 맞잡아야 쓰겄다, 그라고 맞잡았지.

　애기 땡겨불고 밭 매고 논 같은 데 일하러 댕기고. 집에 와서 보믄 이것은 엉망진창이제. 애기가 문 열고 뿍뿍 기어 나와. 그래도 마루 끄트리에 이라고만 있제 툭 떨어지들 안 해. 큰께는 희한하드라고. 이만한 또랑만 있어도 못 뛰. 겁이 많드마. 그라고 화장실을 못 올라가고. 겁이 많애갖고. 이만 한 새끼 또랑만 있어도 애기가 질색을 하고 풍나불라 해.

　다른 것들은 떨어진 것이 일이여. 오죽했으믄 우리 막내는 말뚝을

첬단께. 뿍뿍 기어나와서 뚝 떨어진께. 보행기 놔뚜믄 보행기까지 뚝 떨어져. 떨어져갖고 거그서 또 굴러갖고 마당으로 또 떨어져. 안 되겄은께 말뚝을 처부써. 돼지울 하디끼[78] 딱 해놨어. 그라고 한께 웃드라 하드마. "오매매 저집 애기는 진짜 불쌍하네. 돼지마니로[79] 저게 다 가다놨네[80]." 보행기까지 같이 떨어져분당께. 그렇게 겁이 없더라고, 애기가. 그란디 그 애만 혼자 그렇게 안 떨어져. 저게 지혜가 많아 그러까. 질[81] 영리하드라고, 딸이.

그래갖고 막 낳았을 적에 삼 주나 됐으까. 내가 인자 큰방에 애기를 눕혀놓고 작은방에서 미싱에 올라서 미싱질을 하고 있는디 애기가 깜짝 놀랜 것 마니로 소리를 벼락같이 질르고 울드라고. 그래서 어째서 아무도 없는디. 뛰어와 봤어. 뛰어와서 본께는 아무도 없어. 애기 혼자 운디 입에다 거품을 내품었드마, 거품을. 왜 깐난이가 저럴 수가

있으까.

까짝 놀라갖고는 인자 뭔 일이까 그라고는 애기 아빠한테 그랬어. "혹시 간질이 아닐까?" 여편네가 애기한테 할 소리를 하냐고, 어디 그런 쓰도 안 할 소릴 하냐고. "아니, 이상한디." 자기도 한번 목격을 했어. 막 이라고 눈을 뒤집어 쓰면서 게거품을 물고 그랑께 "큰일났네." 그라고.

그랑께 내가 병원을 가자고 한께 그때서 광주로 갔제. 싹 검사를 하드마. 엄마 외가집 아빠 외가집, 할머니, 할아버지, 그 뭐시기까지 전부 보드마. 절대 그런 사람 없어. 애기를 뇌파 검사를 하드마. 병이 없대. 애기를 낳아갖고 내친 적 있냐. 모르제. 위에 애기들이 있어놔서이. 보듬고 어떻게 했는지도 모르고. 내가 지켜 있기를 못 하기 땜세.

그래갖고는 인자 유전병은 아닌께 약을 믹이면 괜찮하겠다고 그라드마. 애기를 젖꼭지에다가 가루약 딱 묻혀갖고 젖을 믹인께 묵고 묵고 그래. 그날 아침 병원 간 날 아침에도 그란 것 같어. 그란데 병원에 가갖고 일절 그런 기색이 없어. 사흘간을 있어도. 묘하다. 그대로 괜찮해져 부렀어. 그래갖고 한 달간인가 두 달간인가 약을 믹여보라고 하는디 내가 그렇게 믹였어. 괜찮합디다.

우리 또 큰놈을 킬 적에 내가 그 이야기 했는가 모르겄네. 큰놈이 가성설사를 해갖고. 큰놈을 정월에 났는디 시월달에 아퍼. 설사를 애가 해. 맨 첨에는 얼굴에 열꽃이 나드마, 큰아들이. 그래갖고는 세 살 먹었어. 말도 못하게 부잡해 애기가, 한참을 안 앉었어. 그란 애기가 아침에 "인나서 이리 온나." 그랑께는 앉거서 있어. "준우야 이리와 봐." 스들 안하고. "애기가 이상하네, 애기가 이상하네." 그랑께 아저씨가 막 성질내. "이상한데. 왜 저럴까." 백과사전이 있드마. 고놈 내려갖고 방에서 가만히 읽어본께 소아마비 증세더라고.

예 말이요, 우리 애기 준우 저거 소아마비 증세라고 그랑께, 와따, 여자가 몹쓸 소리 한다고 난리여. "책을 보시오. 아픈 것이 삼 일간 열이 내리고 오르고 오르고 내리고 하더니 열꽃이 찬하니 땀띠 마니로 열이 환해 얼굴 벌개짐시로. 책을 본께 딱 그것이요." 성질내갖고 여자가 알도 못 하고 그란다고 막 무색을 주드마. 그래갖고 자기도 읽어봤어, 인자 그놈을. 읽어본께는 어딘가 모르게 쪼깐 그런 것 같어.

그래갖고 인자 애기를 만날 세울라고 해도 스요, 안 서. 시와노 믄[82] 막 주저앉고. 깝깝하제, 그렇기 이라고 댕긴 애기가. 그때 당시 소아마비 예방접종도 안 했어. 안 한 터에 그래갖고 애기가 갑자기 그래논께. 오매 우짜스까.

우리 시어버지 깜짝 놀래. 신랑 이종사촌 애기가 하나 그랬다고 그라드마. 징하게 좋게 생긴 놈이 그래갖고 들어앉거서 빙신 돼갖고 있다 그러드마.

"오매, 이 아깐 새끼, 어쩌끄나." 시아버지가 한숨을 팍 쉬어. 이모 집에 하나가 들어앉거갖고 있어야. 병원에 갈란다 했어, 인자. 무조건 병원을 가야 쓰것다. 그래갖고 내가 인자 큰딸 업고. 즈 아버지가 큰 놈 아들 그놈 업고.

강진 병원 두간디를 간께로 탁 치면 탁 올라와야 한다드마. 탁 친께 들83) 올라와. 병원 간디마다 닝게루 맞고 그라드마. 우리 언니가 그래. "그라지 말고 마사지 한 사람 있은께 그 사람한테 가보끄나84)." 그래. 그 아저씨가 일제시대 때 그런 것을 배워갖고 물에 빠진 사람을 건져내갖고 호흡 뭐시기로 공으로 이키 문대갖고85) 살려낸 사람이라 그라드마.

요만하드마, 공이. 공이 꺼마드마. 그걸로 애기 홀딱 벗겨놓고 눕혀놓고 문대. 앞뒤로 문대. 한 시간을 한가 두 시간을 한가 모르것어, 그때. 그래갖고 그놈을 주물르고 났는디 사흘 된께는 딱 서. 워미. 그래갖고 인자 나흘 갔는데 오지 마라 해, 됐다고. 그래서 암시랑 안 하고 걸어다녔제.

그란디 그해에 소아마비 걸린 사람들 다 빙신 되아부렀어, 우리 큰딸 난 해에. 나는 인자 내가 서두러서86) 그랬는가 지가 병신이 안 될라고 그랬는가. 그래갖고 나흘 돼갖고 인자 담박꾸로87) 걸어온께 깜짝 놀래, 반가와갖고 할아버지도. 그래갖고 그 고생을 했어.

나는 성질이 급해갖고 애기를 아프믄 약을 딱 두 번을 믹여봐88).

그람 그 놈 안 들으믄 다른 약 꼭 사다 믹여야 써, 내 성격이. 그란디 인자 시부모한테 돈 탈랑께 미치지. "아버님, 애기가 안 들은께 다른 약을 사야 쓰겄소." "그놈도 다 안 믹이구야." 그라고.

삼 일을 그렇게 설사를 하는디 애기가 완전히 이렇게 되불드만. 얼굴이 쪽 빠져부러갖고 다 죽게 생기고. 병원을 데꼬가믄 쓴디 어른들이 못 가게 한께. 주사 맞히믄 못 쓴다 한께 못 하고 있다가. 애기가 딱 죽어부렀어. 인자 젖도 안 묵어 사흘을, 이틀을. 나는 요래갖고 젖이, 생전 짜서 어크러불제[89], 애기가 안 묵고.

"아야, 그람 애기를 주사를 맞혀 볼래." 그때사 그래, 다 죽어간께. 새벽에 일찍허니 인나갖고 애기를 업고 오바를 둘러 씨고[90] 이라고 발목 잡고 인자 진맥 함스로 갔제. 가다가 어찌케 보믄은 맥이 안 뛴

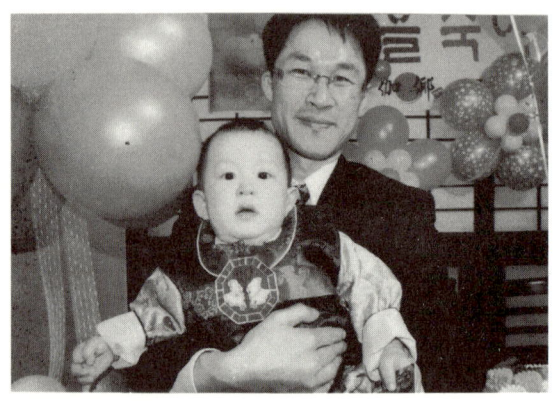

것 같고 그라드마. 섰다가 맥 뛰믄 함바쿠[91] 가고.

"우리 애기 다죽어간당께." "워매, 저 잡것 지랄하고 인자서 데꼬오네. 진작 데꼬오랑께 안 데꼬 오고." "아, 어른들이 못 하게 한게 어쩔거여, 그란데 애기가 다 죽어가는디 인자 가라한디 어쩔거여." "오매오매, 애기 다 죽어갖고 왔네." 뭔 주산가 모른디 한 방 놓드마.

그래갖고 업고 집으로 온께는 인자 어른들도 놀래부렀제. 쪼깐한 뼁아리 영계라고 있어. 그놈을 사다가, 이웃집에서 사다가 고고 있드마. 그것을 해갖고 아버님이 들여줌시로 "아야, 애기 한번에 많이 믹이믄 큰일난다이." 그라드마. 술에다 이렇게 해서 입술에다 사르라니 볼라주고 볼라주고 지켜 앉거서 그라라 해. 그놈이 온께로 냄새가 남시로 손으로 요라드란께[92], 여주라고[93]. 입에다 댄께는 대차[94] 뽈아들이고[95] 뽈아들이고 하드마. 오후 한 세시 넘은께는 뽈딱 인나서 앉거. 앉고 인자 정신이 나서 걸어댕게. 그래갖고 괜찮했는데.

또 인자 두 번째 딸을 난께로 그것도 또 설사를 해. 와. 그때 많이

죽었다 해. 가성 콜레라라고. 장염도 너무 심한 뭐시기. 그래갖고는
그것도 다 죽어. 그것은 인자 아버님이 아들 손자 해논께는 가서 주사
맞히고 약 믹이라 한디, 약발이 안 받어. 사흘을 열여덟 방 주사 놨어
도 소양 없어. 애기 죽어불러.

닝게루를 논디 안 들어가불드마, 어린께. 다 찌서도⁹⁶⁾ 안 들어가.
그라고 한께 간호사가 "원장님 원장님, 목포서 본게 애기들 여기를
해갖고 하대요." 여그를(머리를) 면도기로 밀드마. 막 찌스믄 딴디는
부서분디⁹⁷⁾ 거그는 딱 괜찮어. 천씨씨가 큰 병이드마, 그때는. 나보
고 누르라고 한디, 애기 아부지는 딱 나가불고 없고. 애기가 애기가
말도 못하게 울어제께, 뼈밖에 안남아갖고. 울어제낀게 내가 그때 여
섯시간을 눌렀으까 다섯 시간을 눌렀으까 애기를 누르고 있었어.

그란디 삼분의 일, 삼분의 이가 들어간께 잠이 들드마. 수분이 딱
차분께⁹⁸⁾ 아주 보클보클하니 이뻐지드마, 뽀애짐시로. 삼분의 이가
넘어간께는 애기가 또 눈을 뒤집어쓰임시로 소리를 지르고 운디 딱 정
이 떨어지고 무섬증이 들어 나는 인자. 워매, 그라고 애기고 뭐고 땡
겨불고 뛰어나온디 (의사가) 쫒아 들어오드마.

"우리 애기 우짜쓰까. 우리 애기 풍나부렀어, 우리 애기 풍나부렀
어." 그라고 내가 "원장님, 우리 애기 풍나부렀지요. 그럼 나는 어짤
것이여, 어른들 알라 계신디 우리 애기 죽어불믄." 그랑께는 "가만 있
어 보시오. 주사 한 대 놓으면 삼십 분 있으믄 까라앉을 것이요." 나보
고 업으라 해. 모가지 확 틀고 눈 뜬 것이 무섬증이 들어. 업기 싫은디
또 아부지는 안 하고 나보고 업으라 하네.

업고 있는디 불안해 죽겄는디 또 그랄까 무선디. 저녁이 된께 가자

고 해. 잠이 든디 나는 또 그랄 것 같아서 무선게 집에 오기 싫어. 아버님 어머님 기다릴 것인디 가자 해. 나는 "저녁에 자다가 그람 어쩔 것이요." "오늘 저녁 여기서 자면 애기 죽소. 가시오." (의사가) 그라드마. 자기가 최선을 다해 봐도 안 되겠다고.

그때는 약국에서 의료행위를 했어. "애기는 닝게루만 노믄99) 살 것이요." (약국에서) 그래. 그래서 대차 했드니마 괜찮해져갖고 애기 업고 집에 갔어. 차 소리 난께는 뽈딱 일어서서, 아버님이. 오매, 애기한테 놀래부러갖고 심장이 벌렁벌렁한 판이라.

그래도 젖은 안 묵드마. 내려논께는 기저구에 똥을 안 누고. 닝게루가 오줌으로 나와갖고 촉촉해. 아침에 인나도 눈도 안 뜨고, 젖을 아무리 믹일라고 해도 묵도 안 해. 숨만 쉬어. 내가 인자 보듬고 "워매

매, 서둘만치 서둘렀는데." 눈물백에 안 나와. "나는 심껏 해서 너를 살릴라고 했는디 내가 너를 기언지 못 볼라고 그라냐." 그거이 죽어불믄 미쳐불겄드마.

사흘 저녁을 딱 눈 아조 안 감아보고 애기 보듬고 했어도 남자들 커~ 커~ 그라고 코골믄 그렇게 미운거니. "워매매 뭔 잠이 오까, 나는 기가 맥혀 죽겄구마." 미치제 살 수가 없어. 이 애기를 기어이 살려야겠다는 욕심밖에 없어. 아이 아부지는 커~ 커~ 이라고 코골믄 얼마나 미운가. "워매, 왜 이라요, 애기는 다 죽어가는데 뭔 잠이 오요." "이?" 그라믄 뽈딱 인나. 그라고 또 도로 자.

사흘 저녁 눈빛도 안 나드마. 욕심이, 자석 욕심이라는 것이. 그래갖고 했더만은. 훌쩍훌쩍 인자 혼자 소리없이 울제. 그랑께 시아버님이 하시는 말씀이 "가부렀냐." 그라믄 "아직 숨을 쉬는 것 같아요." 또 쪼까 있으믄 "애기 가부렀냐." "아니, 아직 숨은 쉬고 있어요." 그래갖고 인자 기가 맥혀 죽겄는디. 그 조, 서숙 그놈하고, 집 짓은 데서 지렁이, 그놈하고 과서[100] 믹이믄 괜찮하단 말을 또 들었어. 동네 새암에서 빨래하믄서 그놈이나 한번 해볼라우 한께. 그놈 해갖고 그놈 먹고 그것도 정신 났어. 그래갖고 내가 살렸다니까.

또 셋째 것도 또 그라드마. 그때는 돈만 들제, 죽이긴 안 하겄드라. 더 통이 커지드마. 그거는 일 년 내 아팠어, 남시로. 그때 돈 이십만 원 들어가드마, 그해에 그놈 밑으로.

또 언제는 눈을 찔러부렀어. 애기가 갑자기 울드마. 기저구 빨아갖고 손 시려갖고 손 넣고 있는디, 어찌케 본께는 애기가 눈이 이상하길래 약국을 뛰어갔제. 깐난이라 눈을 못 뜬다고. 애기가 약을 넌께는 눈에서 피가 나부러. 내중에 본께는 뭐이 딱 볼가져. 동자 옆에 검은 거 딱 불거져. 광주로 갔제. 쪼깐 늦게 왔으믄 실명할 뻔 알았다고 그래. 워매.

애기 싯을 그래갖고 십이월달에 또 병원에 데끼 간께는 어떤 아저씨가 "좋은 일로 잠 오시지 마시오." "오매매, 그러믄이라. 나도 안 오믄 좋겄소. 넘도 부끄럽소. 애기 들쳐업고 나가믄 벌써 병원에 가요, 또 병원에 가요. 그것이 인사여. 나 징합소야, 나도." "아줌마 애기들이 몇이요?" 그라드마. 와, 애기 셋인디 진짜 아조 힘들어서 애기 낳아서 못 키겄다고. "그랑께 집에가 애기를 엄청 귀하게 생각하요." 그라드마. "아니요, 나 안 귀해요." 안 귀하당께 "애기 둘을 더 낳으시오. 그라면 절대 안 아플 것이요." 그래서 저 소리가 뭔 소리고라.

낳다 본께로 대차 또 셋째 딸 낳았제. 그 뒤로 생전 아픈 데가 없어, 그것은. 막내도 나서는 암시랑 안 하고. 다섯 된께는 애기들이 안 아 프고 크더라고. 그래서 아, 그 아저씨가 뭘 볼 줄 알았다냐. 애기들을 키 본께 그란 일이 있더라고.

암것도 할 줄 모르는 상태에서 시집와갖고

　암것도 할 줄 모르는 상태에서 시집와갖고. 밭을 매자고 하믄은 밭을 못 멘께. 나 한 줄 하믄 시어머니는 석 줄 매부러. 환장하제. 어디로 말도 못하고 속으로만 이거이 시집살인께 어디 가서 말 내믄 안 되제. 친정어머니가 그러드마. 벙어리 삼 년, 뭔 석삼년. 옆에 사람이 말을 물어갖고 말 만들어갖고 시부모한테 들어가고 그라믄 안 좋다고 생전 어딜 안 가제.

　애기 기저구를. 그런 데사 스트레스 쌓이드마. 애기 기저구를 갖다 기양 딱 널어부러. 균 들어간다고. 미쳐부러. 지금 아그들은 확 갖다 물에다 뿔아[101) 널제. 그때만 해도 못 하고. 시간 걸리고 비누 아낀다고. 오매오매 속이 썩어 미쳐불제. 널어부러. 아, 미치겠네이. 내가 자유 없이 살랑께 미쳐불겄네. 신경쇠약 딱 걸려불드만, 말을 못 하고

쌓인께는.

애기 둘 낳은 뒤로 임신해갖고 친정 동네에서 한복을 배울란다고 나보고 갈켜주라 해. 말을 끄집어냈제, 인자. 어머니, 친정 동네 가서 한복을 갈켜주라 한께 괜찮하겠냐고, 어머니 식사 하시겄냐고 한께, "가그라." 그래. 친정에서 자고 마을 회관에서 거그서 한복 갈칬어.

한 십오 일 됐으까. 오빠가 그라드마. "아야, 노인보럼 밥해 잡수라 함시로 한번이나 댕겨오제, 이라고 있음 쓰겄냐." 십 리여 십 리. 그라길래 "내가 빨리 못 오면 너가 이렇게 이렇게 해라." 갈키주고는 집으로 내려왔어. 일꾼은 소죽 쑤고 있어. 안채를 가서 인사하고는 옷을 편한 놈 입고 밥을 할라고 간께는 모른 사람이 탁, 오바 걸어놓고. 그때 시숙을 첨 봤지.

우리 시집 식구 오형제 아들만 있제. 우리 신랑이 둘짼디, 우리만 이렇게 농사짓고 살았지. 나 하나만 희생해갖고 우리 동생들은 나같이는 안 살게 해야 쓰겄다 그라드만. 논 이십 마지기 해갖고 구십이년도에 아파트 하나 분양받고.

구십사년도에 입주해야 한디 애기 아빠가 구십년도에 아퍼부러갖고 유행성 출열열이 걸린께 죽게 생깄어. 딱 죽어분께 눈물이 나오잖애. 일주일차 된께는 "이리 오셔보시오." 그르드마. 어머니한테 이런 말을 안 할라고 했는디 준비를 해야 쓰겄다고. 이거이 뭔일이다냐.

차차차차 낫어지드마. 시골사람들 글안하요. "선생님, 내가 논을 팔아서라도 절대 병원비 안 띠어묵을틴께 좋은 약으로만 해갖고 우리 애기 아빠만 살려주시오." 저렇게 생겼는디 다른 균이 들어와불믄 어쩔 것이냐고 이인실에가 더 있을란다고 그랬제.

이 주가 넘으니까 아저씨가 정신이 나. 그랑께 싼 데로 가제 비싼 데가 있다고 봄아. "저렇게 사람 많은디 있겄소." "돈이 얼마가 나오는디." 하고 봄아. "얼마가 나오든지 당신이 살아갖고 나오믄 갚으믄 되제." "어머니, 아부지 여기 놔둬갖고 병이 낫는 게 아니라 병이 더 생기겠어요." 저렇게 못 견디게 봄아대니 아들 말 듣고 그래보까나.

그래갖고 살려갖고 산디. 이렇게 아프단 말이요. 죽겄네. 안 아파야 쓸 거인디, 아퍼싼게 죽겄소. 작년부터는 허리가 아프다 하대. 저렇게 일을 안 해야 쓴디. 금년에 농사를 내놔불라 했제, 안 짓고. 그란디 진다고 해.

모 든께[102] 같이 일하고 소 곳이[103] 다 내가 쳐내고. 매일매일 그라고 한 달 반을 내가 했어. 그래서 아픈가 어째서 아픈가 막 첨에 여가 아프길래 냅뒀제, 맨 첨에는. 목 디스큰지 모르고. 그랬더만은 계속 안 좋아.

그라다가 팔월 십육일 날 이 무릎이 알크당 해부네. 인자 고추를 끄코[104] 창고를 들어갈라는디 그놈이 덤벼[105], 비온 판이라. 오매

오짜꼬, 내가 이것은 해줘야 쓰겄다. 찍찍 끄코 가는데 뻗치길래 섰다가 다시 주저앉글라고 한께는 무르팍이 우드득 소리가 나드라고. 그래갖고는 인자 영영 설라믄 못 서겄고, 설라믄 못 서겄고. 이상허니 안 서져.

한참 그라고 있으니까 (아저씨가) 내려옴시로 "왜 그란고?" "무릎뼈가 어긋난 거 같소야." 우드득 하드니 영영 스들 못 하겄네. "내가 할 거인디 뭣하러 함시로." "내가 일 좀 덜어줄라고 그랬제, 내가 다치고 자퍼서 그랬소야. 막대기 하나 줘보씨오." 막대기를 주드마. 그놈 짚고 "오매, 안 되겄소야."

기어서 왔어, 인자. 뭣한께 뿍뿍 기어갔어. 요방에 고추 한나 널렀어. 인자 비온 판이라. 나는 저방으로 뿍뿍 기어들어가고.

"밥 묵제." 그라길래. "오매, 나는 밥 못 묵겠소야. 못 하겄소야." 자기만 딱 묵어부네, 지제에 가서. 그라게는 "밥 묵었소?" 그랑께. "이." "그럼 나는?" "안 묵은다 해 놓고." "내가 창시가 있는데 왜 밥을 안 묵겄소. 밥 잠 갖다줘야지 내가 고추 넌 데 가도 못 하고 깨금발 해서 어째 가겄소." 그랑께는 밥을 갖다주네. "애초에 말을 하제." 환장하네.

저녁에 잠을 못 자겄네. "예 말이요, 택시 불르시오. 내 한벌[106]도 못 걸은께 마당에 택시 오라고 하씨요." 그란디 인자 택시가 못 들어온다 하네. 깨금발로[107] 어찌케 딛고 홀딱홀딱 뛰어가는디 인자 택시기사가 "아이고, 아저씨 너무하네. 마누래 귀한 줄 모르고. 업든지 부축해갖고 오제, 혼자 홀딱홀딱 뛰게 만드요." 그라고 타고 간께 무릎이 인자 안 좋다 해.

밖에서 깨 비어 날릴라 고추 혼자 따서 널라. 우짜쓰까 가서 해줘야 쓸 거인디. 여자도 일백에 모르던 사람이. 아니 남자도 아픈 상태에서 둘이 해도 벅찬디 혼자 해낼라면 죽어난단 말이요. 가서 내가 깨 몰려 놔둔[108] 놈 앉거서 털기나 하고, 고추 모른[109] 놈 줍기나 하고 쓰겄은께 일주일 됐는디 퇴원을 했는디. 가서도 뭘 못 해. 무장 더 죽겄고.

팔월 이십 며칠날 올라갔을까. 광주 올라가서 인자 엠알아이했어. 연골이 파열됐다 해. 우짜쓰꼬 그랬더니 시 번을 연골주사를 놔 주드마. 딸사우가 보더니 "오매오매, 어째 몰라져분데[110], 한 달 사이에." "아니, 밥을 똑같이 묵은디야. 외레[111] 더 마이 묵는다."

나 살아온 이야기는 징합소. 그놈 나락, 두 내외가 서른서 마지기를. 그때는 다 수작업하니까 낫으로 비고. 그라고 둘이 십오 일도 비

어봤소. 생전 남자들이 따숩게 점심을 해서 묵어야지 해논 밥은 안 먹어. 그랑께 나락 비다가 와, 점심때 되믄. 점심 해갖고 이고 나가. 비어서 놔둔 놈을 딱딱 뒤집어. 남자는 묶으고 나는 전부 논둑에다 가래치제[112].

뒤지게 해갖고 사춘끼리는 학벌은 안 지게[113] 해야 쓰겄다. 넘들 잠자도 하루에 사십 가마니 넘게 그 놈을 다 담어. 리아카 끌어다가 다 쟁이제. 그래갖고 모욕하고 나믄 열두시 돼. 애기들도 일은 안 도왔어도 소 끄꼬 가서 이고 그런 것은 해줬제. 우리 딸이 그래. 저런데 풀이 저르르 많이 있으면 소 갖다놨음 좋겄다 그런 생각밖에 안 난대.

그래갖고 내가 다 대학교 사년제 냈제. 즈그도 그만큼 노력하고 장학금 타분께 돈이 안 들어간디, 막내는 달달이 사십만 원썩 들어간께,

저거이 용해갖고[114] 깡패한티 뜯기는가 모르겄다. 내가 유도 같은 거, 태권도 같은 거 배우라 했거든. 그거이 사립고라서 그랬다드마.

두째딸은 대학 안 간다 그라대. 내가 그랬제. "무조건 대학교를 가그라, 첫 등록금은 해 주마. 공부 잘한 놈은 안 성가시게 하드라." 상고 나와서 돈번다 그라대. "그람 너 알아서 해라." 그랬어. 그랬더니 내중에[115] 한번은 그래. "나 학원 보내주시오. 나도 대학교 갈라." 그래. "애시당초 대학교 가라고 할 때는 안 가고 인자 보내달라고 하냐. 댕겨라 어쩌겄냐."

한번은 거울 앞에서 몸매를 보고 난리여. "너 지금 공부를 하러 댕기냐, 머슴아들 눈요기하러 댕기냐. 학원 댕긴 주제에." "엄마, 그럼 딸이 미친년처럼 칠레칠레 하고 댕기면 쓰겄소." 저거이 뭘 하겄나 속으로만 그랬는디 일학기 때부터 반장을 하드마. 장학금 탈 걸 생각도 못 했는디 "오매, 내 딸 장학금 탔냐." 그라고.

막내가 공인회계사 시험을 봐서 합격을 했는디, 그것도 징하네. 지방대생이고 인맥이 없은께 안 되구마. 임시로 뽑더니 몇 개월 하고

도로 퇴치드마. 오늘 서울 갔어, 시험 본다고.

딸 한나는 결혼 안 하고 있고. 서른여섯 살짜리가 시집 안 가겠다고
버텨. 광주 집구석 좋은께 안 간다고 벼텨. 그래갖고 있어 다.

이제 별소리 다하네 참말로

맨첨에는 엄청 좋았제. 부모들도 나한테 그렇게 잘하고, 나도 잘하고.

누가 홍시를 딱 따갖고 우리 방 책상 위에 얹거 놨더라고. 무단히 나는 신랑이 그란 줄 알고 깜짝 놀랬어. 왜 내가 손 있고이 그란디 내가 알아서 먹을 거인데, 어른들 본디 이런 짓거리 하믄 쓴다냐고. 여자가 사람잡을 소리 한다고, 뭣하러 책상 위에 감을 얹거놓겠냐고. 찬장에도 보믄 딱 그렇게 홍시를 놔뒀더라고. 알고 본께 우리 시아버지가 그랬어.

그렇게 이뻐라 하신디. 인자 시숙이 뭐시라뭐시라 하고 그러키 우리를 안 좋게 말한께는, 시부모님이 그놈을 곧이듣고 우리한테 정을 띠드마. 그랑께는 살 수가 없어.

첫 애기 낳았을 때는 호강 했제. 그래갖고 둘째 낳아갖고는 딱 밥을 안 줘, 샛밥을. 옛날에는 애기 낳으믄 밥을 많이 묵어. 그랑께 삼 일이 넘어분께 샛밥을 안 주드마. 진짜 우리집 남자들은 독해. 삼일날 저녁에 딱 밥을 먹고는 새벽에 배가 고파. "예 말이요, 노인보고 하라고 하지 말고." 그때만 해도 석유곤로가 있어. "곤로로 가서 국 잠 디어갖고 밥 잠 갖다주시오." 그라고 한께는 갔다 오더니 밥이 없다고 빈 걸로 와.

인자 그때 운 일 생각하믄. 이, 어따가 말할 수가 없어. 비게에다 소리도 없이. 지금같으믄 퍼붓기라도 해. "이, 당신이 밥 잠 해주제." 그 소리도 못 하고. 우리 어매는 그리 안 할 건디 그 생각만 하믄 아조 눈이 뺄―건하니 붓어불제.

그 애기 낳고 삼 일만에 인자 또 애기 빨래 싹 새암에 가서 하고 와서 그 뒤로 아파부러갖고 죽게 됐는디. 애기가 울어싸. "왜 저렇게 애기가 운당가." 나도 쌓인께[116] 그랬제. 시어머니하고 조르라니 네 분이 앉겄는디. 나도 쌓인께 그 소리 했제, 사람들 듣는디.

"샛밥을 안 묵은까 그란가 애기가 젖이 안 많아요." 그라고 한께는 인자 한 양반이 그래. "오매오매, 아짐, 아짐. 이거이 뭔 소리다. 이 부잣집서 며느리 샛밥을 안 줘라. 워매워매, 이거이 뭔 소리다. 애기 낳으믄 돌아앉그믄 그러키 밥을 묵은디. 이거이 뭔 소리다. 없어서 못 이는 것도 한인디, 저렇게 놔두고." 그랑께는 암말도 안 하시고.

그 뒷날 칠항 장이었어. 장에 갔다 오시더니 워미워미, 마루장을 뚜드리고 울어제끼는 거 있제, 시어머니가. 저년이 아조 시엄씨 우아게 냈다고[117]. 밥 안 굶겨갖고 젖 쩍어졌다고 동네방네 소문냈다고 해서. 그라고 막 소리를 지르고 울어. 미칠 일이제. 암말도 안 하고 나는 아랫방에 있제. 우리 시아제도 그란 소리 들은께 형수가 진짜 나쁜 여자제, 내 속은 모르고.

그래서 "어머니, 세상에 내가 어디 가서 그 소리를 해, 누가 그랍디요. 나 어머니랑 대놓고 어지께[118] 그때 그 소리밖에 한 적 없소. 나를 딸같이로 본다 그런 소린 하심시로 딸같이 본다 하믄은 내가 혹간[119] 했다 하더라도 이럴 수가 있소. 나는 그런 적이 없소."

그랑께 그 냥반이 가서 소문을 내부렀든가봐. 그랬는디 나보고 그랬다고 징하제. 저년이 아조 방구석에가 자빠져 있음시로 동네방네 시엄씨가 밥 안 줬다고 소문냈다고 아조. "배고프믄 허천났으믄 지가 쌀 퍼다 밥해다 먹제 내가 뭣을 못 묵게 하디야."

내가 그런 일 저런 일 스트레스 받은께 못 살었어. 그래갖고 사 년 살았으까. 논을 우리 앞으로 두 마지기를 사준다고 하드라고 시아부지가. 그랑께 "느그는 인자 나랑 살자." 그래. 그란데 나는 살 생각이 없어. 응답을 안 해부렀제.

친정어머니가 그 소리 듣고 아조 징해, 분가 못 하게. 부모 모시고 사라고. 성제간들 다 그렇키 생겨갖고 공직생활 하는데 부모 모실 자석 있냐. 너는 자석 아니냐. 그라고 너도 자석을 남서[120]. 그말도 맞어. 너도 농사짓고 살람시로, 그말도 맞고. 그래서 할라고 했어.

그래갖고 논을 계약을 해. 그란데 광주 시숙이 연락이 왔어, 결혼한다고. 동생 하나 보내라고. 그랑께 우리 밑에 시아제 큰쌍둥이 하나 보냈더니 나락을 백 석을 주라고 하드라 해. 시아제가 "백 석은 못할 것이요." 그라니까 성이 물어. "왜 못 해야?" "작은형님 논을 두 마지기를 계약한다고 한 것 같습니다. 그랑께 백 석은 안 될 것이요." 그라고 한께는 "나는 그라믄 결혼 안 해분다, 백 석 안 주믄." 서른다섯 살 잡샀는디.

서른다섯 살 먹은 성 결혼 시켜야지 내 농사지어갖고 성 결혼 못 하게 하겠냐고. 뼈 빠지게 농사지어갖고 모탠[121] 돈이지만은 성 주라 했제. 이제 별소리 다 하네 참말로. (아저씨는) 성 백 석 주고 결혼 시키고 (속에) 불이 난께는 '나는 평생을 내가 성제간을 위해서 희생을 한디, 성은 저렇게까지 나를 한 거이다.' 그라고는 부산에 방을 얻어갖고 가부렀어.

그래 나는 안 갈라고 농에 이불을 끄집어냈어. 뿔고[122] 시간을 끌어갖고 차라리 분가를, 차라리 농촌에서 살게 어디 가서 자신감이 없제, 애기는 둘 딸리고. 그놈을 뿔고 시간은 걸린디 계약금 걸어났다고 가자고 해. 친정어머니까지 내려와갖고 설득을 시켜도 안 돼.

그래서 할 수 없이 암것도 안 갖고 논이고 뭐고 놔둬불고 밥그릇 두 개 하고 이불 요 하나 하고 비게 두 개하고 인자 스텡 고리[123] 그 놈하고 갖고 부산을 갔제. 그란디 인자 (큰집에서) 모심긴다고[124] 오라고 하지 가을걷이 한다고 오라고 하지. 그래갖고 인자 왔다갔다 한디.

거가 상가가 났어. 일층은 장사하고 이층 살림하믄 쓰겄어. 우리 몫을, 우리 논을 천오백 평을 띠준다 한께 그놈을 팔아서 주시오, 그랬어. 주믄 우리는 거그서 자리 잡고 살라고. 절대 못 준다고 해, 폴도 못 하게 하고. 돈 없은께 할 수 없이 도로 왔제. 그래갖고 인자 영동이란 데로 저저금 나서[125] 인자 거그서 두째딸을 났제.

그란디 시숙이 밤에 와서 우리 없는디 숭을 보드라고. 방에서 뭔 소리가 들려. 잠자다가 뽈딱 인났제. 그래도 아침에 인나서 신랑한테 뭣이 어떻다 해보도 안 하고, 나는.

저녁에 밥할라고 내가 아저씨한테 "애기 데꼬 있으시오." 그라고 한께는 애기를 발로 톡 참시로 "니 에미한테 가." 즈그 애기밲에 모른디 이상하네. "왜 그라요? 이리 와." 애기 보듬고 큰방에다 데려다주고는 밥을 해서 묵고.

그라고 애기 보듬고 데꼬 내려간께는, 너는 똑똑하고 여물고 나는 짜잔한께[126] 나는 너를 못 데꼬 살 뭐시기고, 너는 야문께[127] 나같은 놈하고 살 자격이 못 된다고 가라고 느닷없이 발로 차고 뚜드러[128].

그라길래, "예 말이요, 당신 아까 낮에 큰방에서 있다 오드니 어머님이 뭐라 하십디요? 인자 세상에 뭔 일이 있으믄, 좋게 나가 뭐 잘못

한 게 있으믄 나보고 데려다가 뭐이라 하제 뭔 소리를 듣고 그라요. 예 말이요, 세상에, 엊저녁에 시숙 오신 것 같대."

우리 어매가 허리에 치매는 둘렀어도 여자가 아닌 여잔디, 우리 어매가 뭐땀시 사우 자석도 자석인디 무단히 대책없이 내 사우 짜잔해 그라고 내걌냐고. 이, 내 말을 들어보고 때리라고. 나도 맞을 내 아니고 이, 서로 마음이 안 맞으면 갈라서면 된 것이제, 이, 왜 사람 성질만 내냐고. 무조건 뚜들드란께.

그랑께 성질난께 큰방에 갔어. 가서 내가 방바닥을 뚜듧시로, "어머니, 세상에 엊저녁에 시숙 오셨지라." 그랑께는 "오냐." 그러드마. 그라다가 "아, 뭐, 시숙 와야." 그래. 엉겁결에 "오냐." 그래 놓고 "뭔 시숙 와야." 그란 거여.

"지금까지도 준우 애비한테 시숙이 와서 뭔 소리 하드라 소리 아직까지 안 했소. 이, 그란디 내가 뭣을 잘못합디요, 저저금내부라고 하는 소리 거푸 몇 자리 나옵디다." 자다가 나도 깜짝 놀래서 잠이 깼다고.

생전 어머님 아버님하고 나하고 이만치 소리 안 하고 서로 뭐시기하고 그라고 잘하고 살았는디 뭔 소리를 누가 하십디요 인자, 그라고 막 한께는, 인자 아버님이 난리여. 아조 저 여편네가 쓰잘데기 없는 소리해갖고 이란 소리가 난다고.

부모한테 삼시로 내가 두 번을 맞았으까. 얼굴을 이렇키 맞어갖고 아픈 참인디 그때. 그날 잊어지도 안 하구마. 정월 초사흗날인디 우리 오빠가 군동 산소에 성묘 갔다가 오시다가 동생 아프다고 한께 "어른들 밑에서 노인이 밥해준 걸 어떻게 젊은 여자가 받어먹고 있겄는가.

그랑께 자네도 내일 같이 오소."

그람시로 "집에서 동생 한 메칠 있다 가게 하소, 사돈들 미안한께." 그라고 한디 내가 아프다고 핑계친께. 설 쉰 뒷인디 떡 한나를 쪄 줘, 떡국 한 그릇을 떠다 줘. 재종[129] 오빠가 두 분이 오셨는디. 그래 갖고 빈 입으로 딱 보냈는디.

그 뒷날 난리가 나갖고 내가 뚜드러 맞고 이래갖고 우리집에를 간 께는 술상이 벌어져서 아조 웃고 난리드마. 정제[130]를 들어간께는, 이렇키 붓어갖고 들어간께는 오빠가 뭔일이냐 그라드마. "내가 하도 하도 억울한께 내가 죽든지 살든지 엄니가 그 소리를 안 했으믄 모른 디, 사우 짜잔하단 소리를 뭣한디 했습디요. 인자 내가 그 조건을 알 라고 왔소."

그라고 한께 인자 우리 엄니보고 징하제, 우리 오빠가. 세상에 어 머니는 여운 딸자슥 저렇키 뚜드러 맞힐라고 뭔 소릴 하셨냐고. 그랑 께 우리 엄니가 딱 그때 그 소리를 해. "워매워매, 그년 징한 년." "뭔 년이라?" 그라고 한께는.

우리 동네 나보덤 욱에 언니가 있어. 그란디 그 언니가 우리 시숙 친구 각시가 됐드마. 차를 딱 타드라고 하네. 엄니한테 하는 말이, "집 이 딸네 집에는 날마다 난리가 난다고 합디다, 막내딸네 집에는." "오 늘 아침에도 딸 병원에 데꼬갔다 온디, 뭔 그란 소리를 한다? 그라고 내가 생전 살라고 하는디."

사우가 날마다 어매 아부지를 볶아서 죽일라 한다고 함시로. 저저 금 내주라 했다가 나락을 백 석 내라 했다가 이백 석 내라고 했다가, 부모를 견딜 수가 없다고 한다고. "집이는 누가 듣도 보도 안 한 소리를 하요, 집이는 누가 그런 소리를 하요." 그랬더니 "정자 시숙이 그랍디다." "이거이 뭔 소리다?"

그 집안 대소가 질부들이 전부 앉었는디, 우리 엄니가 "아야, 짜잘한 자석도 없네. 저저금 나불라믄 나불든지, 살라믄 아무 소리 말고 살든지 하제. 이렇키 멀지도 않은 데서 기분 나쁜 얘기 듣게 하네, 짜잔한 놈도 없네." 대차 그라고 했다 해. 그래갖고는 이렇키 됐든가봐.

우리 오빠가 성질이 급해갖고 인자 난리여. 술상 집어 땡겨불고, 나 영풍리 가서 사돈들한테 어머니 말씀 잘못했은게 미안하다 하고, 그년 친정집 가서 과거를 탁 뒤집겨 벳겨불란다고. 어디가 그럴 수가 있냐고, 한동네 처지에서. 시사람이 잡고 쫓아가도 못해. 기운이 시어갖고. 이라도 저라도 못하고 소사가 대사 되브렀어.

그라고 몇 개월 됐어. 칠항 강진 장에를 뭘 이고 간께는 청년들이 둘이 나옴시로 이야기를 하더라고 해. 우리 동네 두진이 각시는 참말로 잘한다고, 장개 잘 갔드라고. "내 딸이요." 소리를 못 했다고 하드랑께.

차마 "내 딸이요." 소리를 못하고 한단 소리가 "그랄 적에 잘해야된다이." 내가 기분이 그렇게 좋드라. 넘한테 보통 그란 소리를 듣는 거이 아니다. 그라고 하시믄서 항상 당부한 거이 그거여. 그랑께 할 수 없이 그라고 산다.

징하요, 징해. 내가 아조. 작년에도 산일을 한디 부모일을 한디. 시아버지하고 신랑하고 일을 해갖고 산을 샀제. 그란디 "내가 상주로서 니가 나무 한 그루라도 니 맘대로 비는 날에는 집어 여분다."

시숙이 그라고 볶아대낀께 우리 막둥 시아제가 학을 떼붐시로 편

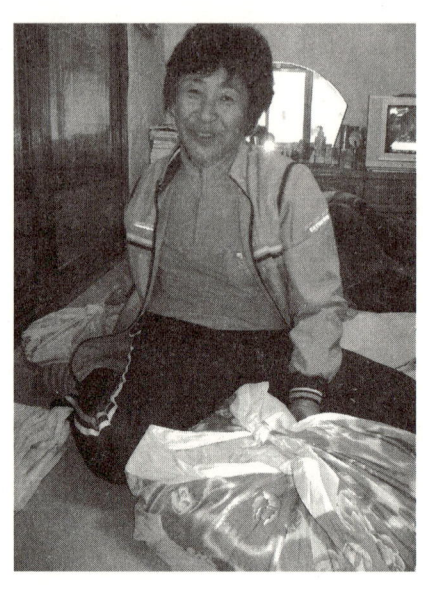

지를 뷔시로131) 하도 기가 맥힌께 "아야, 이렇키 저렇키 생긴디 어찌
케 하믄 쓰겄냐. 나를 쳐박아분다고 해싼디. 나무를 비야 뭣을132) 쓸
것인디."

　그래갖고 시어머니 돌아가시고 돌아가셨다고 써붙인께는 안 와부
러. 우리까장133) 사 형제 치상을 쳤제. 내일이 삼온134)디 그때사 와,
애기 둘 데꼬. 신랑은 맨밑에 싯째 데꼬 삼오장 보러 가고 없는디, 빨
래를 해서 날궂은께 성가신께 널어야제, 얼른. 낼아침에 입을 것이라.

　상당 앞으로 할 수 없이 줄을 쳤어. "아버님, 줄 잠 많이 쳐줘야 쓰
겄네요." 그랑께 줄을 쳐줘. 빨래 넌께로 시숙이 "어디 상무식한 보고
배우도 못한 이런 상식 없는 짓거리 하고." 빨래를 찍 끄서다가 마당
에다 탁 내동댕이 쳐부네. 기가 맥힌 사연이여.

암말도 안 하고 나는 부엌으로 들어가부렀어. 우리 시아제가, 넷째가 성질이 급해. 큰쌍둥이는 더 성질이 느긋하고. 형님, 지금 뭣을 잘했다고 그리고 쥐뜯을 일 있냐고. 그리고 한께는 상장 막대기 가지고 동생들을 방에 들어가서 젓어제껴, 때려제께.

아버님이 넉장을 해불제[135]. "니가 동생들한테 뭔 낯짝이 있어서 지금 동생들 내 앞에서 니가 뚜드를 자격이 있냐. 어매 죽고 니가 뚜드를 자격이 있냐. 이 판국에 뚜드려대겄냐. 차라리 나를 죽여라."

그리고 한께 우리 큰동세[136]는 말려서 "아버지가 저랑께 맞서. 아버지가 저랑께 맞서. 성을 성답게 동생들이 안 보믄 동생들을 잡아야지." 어디가 아버님이 저런 짓거리 한다고 그리고 소리지르더랑께.

손하나 까딱 안 해. 삼오 지내고 장만해야 쓴데[137], 애기만 딱 업고 있제 뒷짐 딱 지고 성노릇을 안 해. 시아버지 돌아가심서도 딱 차에가 앉거서 내려오도 안 해. 음식 다 장만해서 사람들 밥 믹여야 쓴데. 우리집서 징하제, 바쁘제.

사람들 다 밥믹여 보내고 난께 큰동세가 그래. "자네가 고생했네. 어서 물어보든지 물어보믄 나는 큰며느리만 됐제 일은 두째가 다 한다 하대." 난 신청도 안 해부렀어. 말도 안 했어. 그란게 인자 셋째 동세가 "어, 그란지 아요? 그람 양심 있으믄 해야제." "자네는 뭐 그란 소리 한가." "양심 있는 소릴 하구마, 말은." 그리고.

아저씨가 용해갖고 형 대학교까지 다 보내고 뒷수발을 싹 했제. 내가 아조 머리골이 아퍼. 그래도 또 집 찾어들어오믄, "오매 내가 왜 이라니." 나는 또 뭐 줄라고 하고. 간뒤로 남자들은 나보고 창시가 있네 없네[138] 그리고. "예 말이요. 그라지만 어쩔 것이요, 성제간인디."

매정하니 해야 쓴디 못 해. "오매 우리집에 왔는디, 동생집에 왔는디." 또 그렇게 되제.

동네가 초상이 나서 조문을 갔어. 상이 나왔는디 우리집 남자 먼저 묵고 앉았어. 시숙이 뒤로 들어오시드마. 상주 양반이 일어나서 시숙 오셨다고 상 다시 놓으라고. 내가 시상에, 똑같은 성제간에. 젤 영리했는디 핵교는 못 가고 용해갖고 부모님 말씀 잘 듣다가. 상이 따로 나갈 적에, 내가 그때 진짜 충격받았어.

애기 유산해갖고 왔는디. 어머니가 그뜩하믄[139] 떼쓰고 누워 있다고 생전 뭣한께 죽었어. 내가 시어머니 속 몰라서 드러눴겄소. 그랑께 아프더라고. (아저씨는) 어머니 말끝에 대답했다고 기저구 빤 놈 낫으로 짝 찢어불고 한나도 못 쓰게 싹 갈라불고, 뚜드러맞고. 애기어매가 뭣해도 밥 묵으란 소리도 안 하고 내비두고.

바다를 갔어, 빠저죽어뿔라고. 바다가 가찹제[140]. 내가 치매를 품고 죽어부믄. 못 하겄드마. 못 하고 장터를 간께는 아짐 하나를 만났네. 그 아짐이 제주도로 가불라고 그래. "제주도로 가갖고 돈벌어갖고 살제." 젖은 불어갖고 소리도 없이 가서 돈벌어갖고 살라고 했제. 생전 돈을 주요. 차비도 없어.

시아버지 돌아가셔갖고 돈 십만 원 했어. 시아제가 그래. "형수 대신 많이 한께 하지 마시오." "예 말이오, 시아제. 내가 부모 돌아가셔서 십만 원도 안 내갖고 그 소리를 어찌 들을 것이요. 십만 원 할 힘은 돼요." 서울서 난리가 났어, 돈 십만 원백에 안 했다고.

사람이 가만히 있으믄 못 쓰겄드라고. 찾아갔어. "오매, 어짠 일인가." 무르팍 탁 쳤어. "세상에, 홀엄씨 딸이라. 우리 오빠가 날이믄 날

마다 집에 들어오믄 어머니, 그리고 어짜시오 식사는 하셨소, 그렇게 효도하고 그란디. 홀엄씨 딸? 시숙값 했소? 당신 어매 돌아가시믄서 십 원도 안 내놨소. 당신 동생이 형 이름으로 이십만 원 해놨소."

막 그리함시로 홀엄씨딸 나맨치만 하라고. 당신 결혼시키고 내가 당신한테 뭣을 약점잡혔냐고. 그랑께 부모하고 이간질시켜서 죽일년 만들어놨냐고. 대학교 나오면 그런 행동 하냐고, 국민핵교백에 안 나와도 안 그란다고. 그랑께 제수씨 미안하다 그라드마.

둘이 아조 열나 쫓아댕게

호순이? 친하제. 호순이가 우리 윗집 뒤에 이사온 뒤로 뭣했제. 샘 있은께 우리 집에서 물 퍼다 묵고. 같은 집안이고. 실제 친척이여. 할 아버지하고 팔촌간이여. 내가 함머니여. 나보고 아짐이라고 하제. 촌 수로 그래. 그렇게 멀진 않하제. 꿀도 나보다 먼점 했제.

꼬막을 잡으러 가도 내가 넘보당 많이 해서 다만 한 주먹이라도 더 담을란께 정신없이 하제. 한 사오 년 전부터는 내가 완전히 떨어져불 드마. 호순이는 생전 아프단 소리가 없어.

문화원도 내가 먼점 댕겼어. 막 들어가갖고 다도를 갈치드마. 한대 로 본께는 영애랑 병단이랑 있드마. 나도 한번 해볼걸 그라고 해 봤 어. 그라더니 선생이 그래. "어매, 괜찮하네." 갔던 친구들이 어서 해 보고 온 사람이라고. 차가 어치케 생긴 줄도 모르고 굿도 안 봤

는디[141]. 금방 해갖고 연습 안 하고 갔는디. 한복, 옷도 맞춰 주드마.

　그 다음에 풍물을 하드마. 내가 호순이를 끌어들였제. 징하게 잘 해, 그것도. 안 해봐도. 그래갖고 같이 문화원에 댕게.

　둘이 아조 열나 쫓아댕게. 호순이가 뭐이든지 잘해. 몸이 건강한께 뭐이든지 잘하고. 혼자 그놈 농사 다 지어내.

그랑께 내가 내 몸 망가지는 것도 모르고 했제

그래갖고 내가 이 집을 고치기를. 구십이년도에 부엌 개량하라고 정부에서 돈이 나와. 넘한테 시켜 본게는 한디 본께는 시안찮하대. 집을 다시 합시다. 브로크를 이렇키 내가 싹 쌓았어. 샤시는 샤시 한 사람한테 재갖고 해달라고 하고. 일을 오지게 했어. 그래갖고 구십삼년도에 기름보일라 놔불고, 연탄방이었는디. 내가 오백 장을 쌓았어, 브로크를.

겨울이믄 아주 꿀142)밭을. 팔십 멫년도에 일이년도에 샀는가 모르겠구마. 누가 소개해줘. "영동댁, 이리와봐." 나한테 어매 하나가 꿀을 하나 따서 주더라고. 꿀을 가서 까줬제. 깐께 영락없이 하겠드라고. (아저씨가) 할 줄 모른디 여자가 할라 한다고 징하다고. 그놈이 났는디 안 사줘, 할 줄 모른께 하지 말라고. 내가 그때 돈 십만 원 주고

샀어.

바다에를 가라고 하요, 못 가게 하제. 바다에 가믄, 가지 마라고. 소로 쟁기질하고 가버리고 없을 때 그 틈에 갔제. 남자들이 못 가게 한께 몰래 가갖고 리어카로 끄꼬 들어가고. 오륙 년 했으까 혼자. 절대 못 하게 해.

꿀이 다음에는 엉거갖고[143] 돈 사만 원 받았제. 그 다음해는 십만 원 해지고. 그래갖고 삼사십만 원을 하니까 그때는 눈을 뜨드마. 아, 요거이 괜찮하네, 그라고 남자들이, 인자.

젊은께 욕심이 많해갖고 넘보담 많이 해야 쓰겄다 그라고 했제. 꿀 그렇키 해갖고 차근차근 해년마다. 일 년이면 사백만 원도 하고 많이 할 때는 팔백만 원도 하고. 그랑께 내가 내 몸 망가지는 것도 모르고 했제. 겨울이믄 정신없이 했어. 그래갖고 애기들 갈칠랑께.

굴 따러 댕긴 게 팔십이년도 됐겠구마. 바다에서 굴 따갖고 오믄은 저녁에 까. 한시가 되든지 두시가 되든지 까. 세시 네시 되믄은 엄청 나드마. 광주 보성서 그렇게 사러 오드마, 상인들이. 호순이랑 보따리를 하나로 합쳐서 고놈 짐값 내고. 장세도 걷으믄 장세 걷은 사람 가불믄 나누고. 날마다 댕게.

가을에 가서 한디. 나는 바다를 몰라갖고 무선게. 어찌케 하다본께 물이 들었네. 나는 겁이 많애갖고 어찌케 간지를 모르고 호순이는 기어이 간다고 하네. 나는 죽어분 줄 알았제. 워매 얼른 가자, 빠져죽는다고. 겁이 많애갖고. 사정없이 한디 어여 나와 써[144]. 어짤 적에는 물이 여그 차갖고 무서. 내 욕심에 내가 그렇키 했제.

굴은 올 봄에도 했어. 우리 친구가 강진 산디. 완도꿀 먹어보다가 내 꿀을 먹어보드니 맛이 좋다고. 봄이믄 너 말쓱 해 가. 아야, 나 인자 그렇게 못 하겄다. 한 말쓱 해라 해갖고 금년에 사백만 원했어. 넘 다 땡겨부린 놈 줏어온께 남자들이 추접스럽게 여편네가 넘 찌끄러기 주워다 쓴다고 그라고. "아야, 뭐 도둑질 하요?"

꿀을 까믄 하루 종일 까. 나는 성격이. 딱 화장실 보고, 점심 먹고. 옆으집 아짐이 "워매 아짐, 좋은 일에 그라고 앉겄제." 부지런히 해부러야제. 그라고 뭐 하나 떨어져 있으믄 그놈 다 주워야제. 호순이가 나보고 골리고 아조. 세상에 깨 줏은 사람은 아짐 하나밖에 없다고, 염병하네.

우리 딸이 "엄마는 답답해, 아무리 부부라고 하지만 이녁 통장 하나를 안 만들어갖고 사요."

"느그 아부지 착실하고, 어디가서 담배핀 거뿐이지 얼매나 착실하냐. 아부지 돈이 내 돈이고 내 돈이 아부지 돈이제." 생전 맽겨불고 살았제 통장이라고는 몰라.

오매, 인자 안 아퍼야 쓰겄는디 아픈께 이렇게 성가시당께. 차라리 안 했으면 차라리 신간 편할 거인디, 해갖고 골병들어부렀제. 딴 것이 문제가 아니여 또. 집에 와서 전부 그것을 뚜드러 깰랑께 죽겄제. 알 뺄랑께.

밤이고 낮이고 열두시 되드락 일을 해. 들에서 캄캄할 때 들어오믄 밤이믄 콩같은 거 다 하고 그런 시상을 살았드니 삭신이 이렇키 됐제.

그랑께 허리 디스크도 와불고. 무지허게 돈 들어갔어. 돈덩어리여, 내가. 신용이 없당께. 너는 본히 아프구나 그리고. 아저씨한테 그랬어. "당신은 내가 딱 죽어불믄 진짜 아퍼 죽었네 그라고 생각하겄어." 그랑께 웃더랑께.

내 인생의 장면들

연도	나이	장면
1946	한 살	음력 시월 이십삼일 전라남도 강진군 칠량면 율변 단월부락 목수인 외할아버지가 지은 집에서 홀어머니 삼 남매의 막내딸로 태어나다
1951	여섯 살	친할아버지가 돌아가시다
1955	열 살	국민학교에 입학하다
1957	열두 살	어머니와 오빠가 마을 제사를 맡아서 하다
1960	열다섯 살	국민학교를 졸업하다
1961	열여섯 살	강진읍내 미장원에 미용기술을 배우러 갔다가 도로 돌아오다
1962	열일곱 살	단짝친구 병단과 양재학원에 사 개월 다니다
1962	열일곱 살	여름 밥짓는 법을 배우려다 오른 팔목을 다쳐 일곱 바늘 꿰매다
1963	열여덟 살	호적에 오르다
1966	스물한 살	한복학원에 다니다
1968	스물세 살	겨울 김두진과 결혼하다
1968	스물세 살	얼떨결에 올케의 아이를 받고 조카 뒤치다꺼리를 하다
1970	스물다섯 살	음력 정월에 큰아들 준우를 수월하게 낳다
1972	스물일곱 살	부산에서 임신한 첫 딸 준영을 낳고 후유증으로 죽을 고생하다
1972	스물일곱 살	팔월에 임신한 아이를 유산하고 앞이 캄캄해지다
1974	스물아홉 살	음력 정월에 영동에서 둘째딸 서영을 낳다
1975	서른 살	시월에 셋째딸 문영을 낳고 아이를 집에 두고 밭을 매러 다니다
1977	서른두 살	영풍부락에 있는 집을 사다
1979	서른네 살	동짓달에 막내아들 준하를 낳고 사 주간 아무것도 먹지 못하다
1979	서른네 살	굴을 따러 바다에 다니기 시작하다
1982	서른일곱 살	남편이 눈을 다치다
1985	마흔 살	시아버지가 돌아가시다
1989	마흔네 살	광주에서 우연히 병단의 남편을 만나다
1990	마흔다섯 살	유월에 남편의 원이었던 광주 아파트에 입주하다
1990	마흔다섯 살	기름보일러를 놓다
1995	쉰 살	허리가 아파서 병원에 가 엠알아이를 찍다
1997	쉰두 살	둘째딸을 시집보내고 무릎이 아파 병원에 가다
2010	예순다섯 살	병원에서 목디스크 진단을 받다
2010	예순다섯 살	농사짓고 소 키우고 이웃 호순과 다도, 풍물, 연극 등을 배우러 다니다

3장
한번 나를 알았다 하면은 변함은 없제

좌우지간 정자하고 나하고

칠량마을은 어딘가 하믄, 동네가 아주 산중이여. 칠량면 단월리 율변이란 동넨디. 나, 최영애, 최정자 서이 그렇게 재밌게 살았어, 어렸을 때부터.

영애는, 학교 졸업 하고는 영애는 어디로 가부렀어, 서울로. 그래 갖고 떨어졌어. 정자하고 나하고는 잘 다녔어. 칠량 면소재지 올라믄 그때는 차가 없었어. 걸어다녀, 사 키로를. 좌우지간 뭣하면 둘이 같이 다니고 그랬어.

양재학원에 날마다도 가고 그랬을 거여. 자르고 만들고 재봉틀도 하고. 치마같은 거, 바지같은 거 만들고. 욱에 부라우스같은 거 만들고. 목 파갖고 카라 없이 만들고. 한 스무 살 안에 그런 거 재봉틀 다 할 줄 알고, 저고리 같은 거 할 줄 알았제. 지금은 다 사 입지만 그때는

만들어 입고 그랬어.

한 이삼 년 배웠을 거예요, 좌우지간. 옛날에는 시장에 가서 베 사 갖고 옷감 사갖고 와서 재단해서 해주라고 해, 인자 동네 사람들이. 내가 바느질 해주고, 옷 만들어 주면 그 삯으로 집에 일로 해주고. 밭 매고, 나락도 비어주고 그런 걸로 해주고 그랬어.

지금도 미싱 있어, 그 전에 쓰던 미싱이. 그랑께 그 미싱이 없이는 불편했어, 우리가. 그걸로 뭐이든지 하니까. 광주에 살면서도 저런 커튼같은 거 만들고, 식탁보 같은 거. 지금은 하기도 싫고 하도 안 하고. 그런 거 하면 만드는 재미로 다 떠다 하고 그랬지.

정자는 더 잘해. 더 꼼꼼히 잘해, 손재주가 더 많애. 오래 했고. 나는 결혼을 일찍 했어요. 일찍 해갖고 광주로 나가부렀는디, 정자는 결혼은 안 해갖고 처녀로 거가 있으면서 바느질을 많이 했어.

정자는 욕심 많고 뭐이든지 일등 나부러야 시안하고. 달리기 잘하

고. 지가 싹 쓸어부러. 우리는 그런 걸 못했는디. 영애하고 나하고는 별로 그런 게 없었어.

나는 같이 모여서 휩쓸려 다니느라고 그라고 다녔제. 별로 관심 없었어. 손재주가 없었어. 뭐 잘하고 싶고 그런 거 없었어. 같이 따라서 어울려서 하고 그런 건 잘했어도 꼭 하고 싶어서 한 것은 아니여.

양재학원도 말하자면 좀 있는 집 애기들만 해. 없는 집 애기들은 일시키고 나가도 못 하게 해. 정자도 그렇고 나도 그렇고 부모님들이 일을 안 시켜. 부모님들이 일을 시키는 성질이 아니여. 그랗께 둘이 다녔어.

다른 친구들은 어디로 갔는가 모른디. 그때는 중학교 간 애기들도 별로 없었제. 한 명인가 두 명인가 있었을 거요, 전체적인 학교에서.

남자들은 간 줄은 몰랐는디 나중에 갔는가, 나중에 한 해 두 해 쉬어갖고 갔을 거예요. 남자들은 모도[1] 그래갖고 가가지고 지금은 잘

돼가지고 그랬더라고.

　여자들은 별로 없어. 지금도 모임 하고 그러면은 저 순천, 광주 다 그것들 똑같애. 다 중학교 안 나오고 국민학교 나와갖고 결혼하고. 남편들 잘 만나면은 뭐시기하고 그라제.

　그때 학교가 엄청 학생 수가 많고 그랬는디 인자 폐교되아부렀어. 상도 마이 탔제. 우등상 그런 거 해마다 타고. 선행상인가 그런 것도 타고. 그전에는 상장 이렇게 있었는데. 일분단 이분단 삼분단, 그런 거 있으니까 분단장 그런 것도 하고. 생활부장 그런 것도 하고 .

　율변서 살 적에는 저녁에 정자하고 잠도 자고 놀고 그랬제, 동네니까. 동네 애들이 모여서 같이 어울려갖고 방에서 잠도 같이 자고. 뭐 만들어서도 먹고. 누 집에서 갖다 먹기도 하고 그래. 밥도 해먹고, 배추 그런 거 뽑아다가 해먹고, 쌀 걷어다가 떡도 해묵고. 팥죽같은 것도 쒀 먹고. 쌀 그런 것은 농사짓고 그랑께. 아침에 인자 집에 가고.

그랑께 외박이제. 빠지면 이상해. 정자집에서도 더러 몇 번 잔 기억이 나. 부모님들 어디 먼데 가시고 그러면. 자는 것은 여자들끼리만 자제. 친한 사람들끼리 모이면 오륙 명, 다 모이면 열댓 명 될 거고. 남자들도 얼마나 많았다고, 우리 또래 남자들이. 그때는 육칠십 가구 됐으니까. 지금은 스무 가구도 안 돼.

서리도 우리는 따라댕기기만 하제 직접 하진 않애. 따라가긴 잘해. 같이 따라가갖고 가에가 앉었어. 콩밭에 가서 서리하고 그라제. 걸린 적도 있제. 걸린 적 있어도 그런 것은 혼자 개인적으로 한 것이 아니라. 남자들은 닭서리도 하고 그랬다고 하더라고.

제사나 명절 때 바구니 던져 넣고 그런 것도 하고. 우리집 아저씨 또래는, 우리집 아저씨는 나이 차가 좀 있어놔서, 그런 거 마이 했다고 하더라고. 곶감 깎아갖고 마침 맛있는 거 딱 가져가불고 그랬다고. 나중에 그래. 우리집 해마다 곶감 깎아놓으면 다 갖다묵었다고.

열칠팔 살 됐을까. 그때 광주서 미용학원 다녔어. 시골 미장원에 있다가 안 해부렀어. 몇 개월 있다가 안 다녀부렀어. 동네서 좀 했제. 파마한 사람들 좀 하고. 집에서도 하고, 가서도 하고. 그렇게 조금 해보고, 결혼 해가지고 말아부렀어.

인자 내가 결혼해갖구는 광주서 살아부렀는디, 정자는 칠량서 결혼을 했제. 그란디 부모들이 바로 정자 결혼하고 기양 서울로 가셔부렸더만. 서울로 가셔불고 정자는 여가 있어분께 연락이 끊겨부렀제. 그라고 뒤로 다시 연결이 됐제. 지금까지 완전 친구여, 예나 지금이나.

최정자는 변함이 없어. 마음이 한결같아. 아주 곧아. 절대 남 해쳐서 말 안 하고. 나도 똑같아. 한번 나를 알았다 하면은 변함은 없제.
쓸데없는 말 안 하고 실수는 잘 안하고.

기양 그렇게 평범하니 지금까지

친정 부모님은 지금도 살아 계셔요. 아버지는 여든일곱이고 어머니는 여든다섯인가. 내가 더 아퍼. 나보다도 더 건강해. 고향에 지금도 살고 계시제. 늘 왔다갔다하제.

어머니 형제분들도 지금 다 살아 계셔. 큰이모가 여든일곱인가 될 거여. 근디 외할머니, 외할아버지가 일찍 돌아가셔버려갖고 외갓집 다닌 기억은 안 나요.

지금도 논농사 지으시고. 밭은 하도 못 하고, 힘든께. 논농사만 해도 기계로 다른 사람들이 해불제. 기계로 한께 노인들이 직접 하든 안 해도 올2)까지는 해도 명년에는 못 할 거예요.

논 갖고 계시면서 인자. 뭐, 평범하니 지금까지 그라고 사시제. 기양 그렇게 평범한 분들이여. 특별한 뭐시기 안 하고.

　자식들이 많애갖고. 자식들이 많은데 내가 제일 큰딸이여요. 동생들이 많죠, 인자. 팔 남매 중으 제일 큰딸. 아들 둘에 딸 여섯.

　어렸을 때는 부모님 막 농사짓고 그랑께 들에 가서 일하고 우리들이 밥해 먹고 그라고 학교 다니고 그랬제. 내가 밥해 묵고.

　옛날에는 국민학교만 나왔제, 못 다녔어 우리는, 딸들은. 아들들은 칠량중학교 나오고 그랬제. 고등학교는 광주서 나오고 그랬을 거여.

　아버지보다는 어머니가 더 보낼라고 그라고 더 뭐시기하고 했제. 돈, 말하자면 갖고 쓰는 것도 어머니가 더 많이 했을 거예요. 지금도 그러시고. 아버지가 더 일은 잘하셨제. 더 많이 하셨제.

　지금 생각해 보믄, 그 전에 그 없이 사는 세상 뭐시기였을 때도 남한테 지들 안 할려고 해. 누가 뭐시기 옷을 해입어도 더 해 줄라고 하

고. 남한테 떨어지들은 안 할라고 그래요. 지금까지도 그래. 다른 사
람들보다 그렇게 더 뭐시기하게는 안 할라고 그래요. 다른 사람들에
비하면 암것도 아니지만, 거기 동네서 사는 사람들 중에서는 뭐이든
해줄라고 했제.

아버지가 나를 큰딸이라 더 아끼고 그랬을 거예요. 우리집이가 아
버지 형제간들이 딸이 없어요. 우리 아부지가 큰아들이요. 밑에 작은
아버지 두 분은 결혼도 안 했을 당시에 육이오 전쟁 때 나가갖고 돌아
가셔버려갖고 그래갖고 독자예요, 아부지가.

고모가 없제, 아부지 형제간들 딸이 없으니까. 그래갖고 인자 나를
젤 첨에 첫딸을 낳았제. 그랑께 딸이 귀한 집이라 귀하게 키웠다고
하셨더라구요. 첫딸이라고. 딸도 없는 집안에서 나왔다고. 그 뒤로는
딸이 모도 많이 나와버린께, 그랑께 그랬제, 밑에 동생들은.

스무 살 때까지 고향서 살다가 스물한 살 때 결혼해갖고 광주 가서
고생하면서 살았지. 아저씨가 막 가서 바로 거기 취직한 거이 아니라
공백이 있었어요. 타이어 회사에 들어가서 거기를 육 년이나 칠 년을
다녔을 거여. 그러다가 병원에를 들어갔어. 그래갖고 거기서 퇴직하

고. 나는 평상 집에서 살림하고. 애기들 셋 낳아서 갈치고.

긍께 나는 우리 애기들 챙기느라고 동생들을 돌보지를 못했지, 말하자면. 그때는 어릴 때라, 애기들도. 나 살기도 힘들었은께, 그 당시는. 내가 큰딸이라 동생들이 우리 애기들하고 같이 컸어요.

그때 스물한 살이면 빨랐어요. 스물셋, 넷 그때 많이 하고. 부모님들이 많이 반대했어요. 결국에는. 그때는 막 주위에서 아저씨 친구들이 찾아댕김서 많이 도와줬어요. 그래갖고 그냥 결혼했지. 그쪽 집안에서는 하자고 한 편이고, 우리집에서는 반대하고 그랬지.

시집에서 집도 하나 쬐깐한 거 마련해 주고. 벌어먹고 살으라고 논을 그 앞으로 띠어 줘. 그란디 아저씨가 농사에 큰 뜻이 없었어.

우리집 아저씨가 젤 막둥이여. 젤 큰 형님은 육이오 때 돌아가시고 두 분 남았는디. 시어머니가 일찍부터 살림, 말하자믄 주권을 넘겨부렀어. 큰형이 돌아가시고 없은께 작은 형님이 학교를 안 보내고 그랬든가봐.

한문은 마이 배웠다고 해, 다른 동네도 다님서. 한문 그놈도 배울라고 해도 눈치를 하고 못 가게 하고 그랬나봐. 그랑께 우리 아저씨가 빨리 결혼을 할라고 서둘렀어. 어떻게 하든지 살아야되겠다 하고. 일 년만에 광주로 나와부렀어.

우리 동네 율변

마을이 큰 마을은 아니에요. 그때는 컸어, 우리 어렸을 때는.

우리 동네 뒤에가 산이 있제. 동네가 이렇게 길게 있으믄 우리집은 요쪽 끄트리고 정자는 요쪽 끄트리고 그래. 우리집 앞에는 큰 당산나무가 있고, 또 정자 집 앞에는 거기서 조금 더 가면 큰 소나무가 두 개 있어.

그 동네가, 나무들이, 말하자면, 국보라고 하요 뭐라 하요, 국가에서. 삼백 년인가 삼백십 년 됐다고 하더라고요, 거기 써진 거 보면은.

우리들은 모르제, 어릴 땐께. 옛날 어렸을 때부터 있었응께. 정월, 음력으로 이월 초하룻날이면 당산제를 지금도 모셔요.

옛날 어른들 전해 내려오는 말 들어보면은. 그 당산제를, 그날이면 인자 깨끗하니 목욕하고 삼 일 동안은 어디 안 가. 삼 일 동안을 화장

실 가면 옷 갈아입고 목욕하고. 그랑께 순 정성이제. 정성을 안 들이면 안 돼, 그것은. 서로 안 할라고 하제, 힘들어서.

그래갖고 한번은 다 마다고 한께 한 핸가 두 핸가를 안 모셨다고 하더라고요. 그랬는디 그 뒤로는 어른들 꿈에 그것이 나오고 뭔 안 좋은 일이 동네가 막 생겼다고 하더라고요. 그래갖고 다시 모셔요. 더 정성을 들여서 지금은.

광주서 살면서 잊어부렀어. 거기 가니께 그 당산제를 지금까지 하고 있더라고. 우리집 아저씨가 그런 걸 잘해요. 절 시제같은 거 가면은 뭐시기하고 그런 것도 잘하고. 이사 막 간께 우리보고 하라고 하더라고. 삼 년 하면 좋다고 해. 그래 삼 년을 또 했어, 우리 아저씨가.

해본께는 힘들어. 우리들까지는 괜찮은디 노인들은 설 막 쇠고 음력 이월달인께 추와요. 목욕하고 그라면, 노인들은. 삼 년 하고 또 했어. 사 년인가 하고 왔을 거예요. 그라고 젊은 사람들만 돌아가면서 하게끔 해 놓고는 요리 이사와버렸어.

일 년 잘되게 해달라고 빌고 그래요. 우리 아저씨가 그런 것도 잘

해요. 절함시로 동네에 나쁜 일도 없게끔 객지에 있는 자식들 잘 되게
끔 사고 없이 해달라고 빌고 그래요. 음식도 다 해요. 제사 모시디끼3)
과일 사고 반찬 사고. 나무새4) 같은 거 다 하고.

부담은 그 동네에서 마을 돈으로 해요. 그거 하는 것도 힘든디 그
돈까지 부담하라믄 누가 하겠어요. 그 비용은 마을에서 나와요. 면에
서도 나와요, 그 돈이. 십만 원씩인가 줘.

모시는 날은 음력 초하룻날 밤 한시, 한시 되어야지 그 다음날로
들어가지요. 한시 딱 되믄 모셔, 아무도 없을 때. 그 뒷날 그 음식 먹고
놀아. 회관에서 하루 내. 음식 먹고 쉬어. 전부 다, 하루 내. 아침밥은
자기 집에서 먹고 점심하고 저녁에까지 그라고 먹고.

그 마을은 회관도 없었어. 그란데 우리가 가갖고 회관도 인자 뭐시기에다 신청해갖고 회관도 짓었어. 우리집 아저씨가 짓을 때 총책임자여갖고 다 그렇게 했어.

율변이라는 이름도 뭐라고 뜻이 있드만 한문으로 풀어갖고. 첫 번째는 그 동네 모양이 소 형태로 생겼다고 그래갖고. 말하자면 친정 있는 데는 머리고 가운데쯤에는 소 배고 저쪽에는 끄트리고 그렇게 허고 됐다고 그러더라고요.

그런거는 우리집 아저씨가 잘 안디, 난 잘 몰라. 그래갖고 소 배 있는 데는 부자로 잘살았다고 그래요. 옛날에는 그 동네가 부자가 많앴어. 소가 많이 먹고 배부르게 안 살아요, 인자. 그런 말이 있었어.

우리집도 소 배 있는 그 부근이었어. 광주서 살다 바로 그리 갔거든. 옛날 부잣집이었어. 그래갖고 거그서 육 년 동안 살다 요리5) 왔어.

나 이러이러해서 우리 아저씨 퇴직하고 나 몸도 안 좋고 그랑께 시골로 가고 싶은디. 그랑께 정자랑 영애랑 그라드라고. 율변으로는 가지 말고 요리 읍으로 가라고. 즈그는 농사도 많이 있고 소도 많이 키우고 하고 한께 그런 거 얼른 처분을 못 한께 못 나오는데, 나보고는 읍으로 주저앉으라고. 나이 많이 묵을수록 교통 좋은 데서 살아야 한다고.

다른 데서 살라믄 광주에서 살지 뭣하러 요리 들어오냐, 고향으로 갈란다, 내가 막 그랬어. 그랑께 기언지 고집부리고 가냐고 나보고 어디 용궁에 들어갔다 왔냐고 지금도 그 소리 해.

처음에 딱 오면은 거그는 고향이잖아요. 광주에서 오래 살아본께,

한 삼십 년 후로 간께, 옛날에 살았던 거 안 좋았던 건 다 잊어부러. 거가 좀 살아본께 육십년대 생각이 변한 게 없어. 살기는 좋아졌제. 가서 살아본께 변한 거이 없더라고. 그대로여. 사람들도 그대로고.

우리집 아저씨는 밥만 먹으면 집에 나와분디 나는 집에가 있어. 다 일하러 나가불고 할 일이 없어. 항상 집에서 청소하고 일하고 육 년을 살았지. 이천년에 나와서 이천칠년에 나왔제. 삼 년 됐제.

그 동네 한 아짐이라는 사람이 그 아짐이 울어. 나만 보면 울어, 이사 가분다고. 이사 와갖고도 맨 전화하고. 동네 사람들이 모여갖고 우리 내일 모레나 이사 갈거다 그랑께 강진 장날 읍에 회식해 준다고 그래. 그 사람들이 여기서 몇십 년 살았어도 이날 이제껏 이사 간다고 회식해 준 게 우리밖에 없었다고 그런 말도 들었어요.

이사 간 날은 비가 부슬부슬 와. 우리는 새벽부터 일어나서 일찍하니 밥먹고 뭐든 일찍 하는 성격이라. 사람들이 전부 다 와, 동네 사람들이. 이삿짐 차도 안 하고 몇 차를 해 줬어. 다 따라와부러, 요동네까지. 우리가 이사와분께 다 뜨고 싶다고 그런 말까지 나왔어.

바로 밑에 집에가 우리 아저씨 깨굴친구가 있어요. 아주 친한 친구여. 그 여자도 내가 잘 알고, 그전부터. 즈그도 이사 가고 싶다고 막 그래싸코 그러더라고.

그 아저씨는 맨 술을 좋아해. 소리 지르고 막 그라고 실수하고 그래요. 우리가 이사 온 뒤로는 그란 것이 없어져부렀어. 우리 미안해서 못한대, 쌈도 못 한대. 술도 못 먹는다고. 시골에서는 쌈하면 들리고 옆에서 보고 구경 가고 그래요. 우아래집이여, 즈그집 쌈하면 내가 다 들어봐불제. 우리 이사 온 뒤로는 부아가 나도 참고 그란다고.

우리는 생전 그런 거이 없거든. 생전 술 안 먹고 실수를 잘 안 한께, 웬만하면. 속상한 일도 있제 더러 살다 보면은. 기양 참는 편이고. 참고 화가 풀리면 이라고 저러고 얘기를 해. 나는 이 점이 나쁘고 너는 이 점이 좋고 이라고 풀제. 그라제 쌈하고 욕하고 그란 것은 절대 없어요. 그 사람들이 우리 미안해서 싸우질 못하겠다고 그라드랑께. 그라고 살았어.

우리는 잘 싸우도 안 하고. 어쩌다 싸울 때도 기양 말 안 해. 좀 지내. 그라고 있다가 우리집 아저씨가 말을 먼저 해, 나보다. 그람 나는 그때사 내가 잘못한 걸 말해. 둘이 서로 성질 안께 참을 땐 참아부러.

김장도 다 도와줘요. 밖에 심부름 다 하고 가져날라 주고. 없음 혼자는 못 해. 여그 와갖고는 며느리들 오라고 해. 느그 꺼 느그가 담으

라고 해. 우리 아저씨는 며느리들 시키도 안 하고 다 설거지 해부러.
택배 보내고 그런 거 없어. 밥 해묵고 고기도 삶아서 밥묵고, 오후에
는 싣고 싹 가. 그람 우리 것만 남제.

여그는 그런 거 없고. 여그는 각자 자기 것만 하고. 그라고 뭐 서로
누가 좀 와서 해 주라고 하면 돈 주고 그라더라고. 계산 정확해 여그
는.

그랑께 율변 살 적에는, 한 시간 정도 담으면 한 집 거 다 담아부러.
이 집 거 다 하면 또 이 집 가고. 양념 배추에다 버무릴 때만 돌아가면
서 해. 그랑께 이녁꺼 다 자기집에서 하제, 준비는. 준비가 오래 걸려
요. 간하고 씻치고 준비하는 데 한 이틀 걸리지. 그랑께 그 동네는 한
사흘 하면 다 끝나불제. 재밌어.

우리 엄마 아빠만이로

집에서 애기 셋을 다 낳았어. 시어머니가 우리 막둥이까지 다 받아주고 가셨어. 탯줄 끊고 암것도 보도 안 해. 시어머니가 다 했어.

시부모들하고도 같이 안 살았어. 시어머니는 애기 낳을 때만 오시고. 가끔 한 번씩 오셨다가 가시고. 나는 아저씨 없을 때 꼭 애기를 낳아, 셋 다 다. 딸은 광주서 난디 시어머니하고 둘이 있었제. 아저씨 타이어 회사 다닐 때구마. 막 출근해분께 애기 낳아.

나는 더 날 생각 없었어. 피임 같은 것도 해보도 안 하고 생기도 안 하고. 딱 셋 낳고는. 그 셋도 다 사 년 터울이여. 셋을 십이 년에 걸쳐서 낳았제. 그랑께 사람들이 어째 그란다고 안 생기냐고, 암것도 안 한디. 안 생기더라고.

나는 짐승도 별로 안 좋아라 하고, 애기들도 이뻐라 하는 성질이

아니여. 우리 아저씨는 애기들 이뻐라 해. 우리 애기들 이뻐라 하고 넘의 애기들도 이뻐라 해. 우리 애기들이 다 좋아. 다 잘 컸어. 언제 한번은 우리 막둥이가 학교 안 간 적도 있고 그랬다 해. 전혀 몰랐어. 절대 모르게 했대. 학교도 안 가고. 절대 부모는 모르게 했대. 지가 그래 인자. 그랑께 사춘기가 있었어. 당구 치고 다니고 그랬대. 결혼 해서 애기 낳고 살고 인자 애기하닝께 알제, 절대 몰랐어.

막둥이 아들이 차를 많이 팔믄 거기서 티켓이 나오드라고. 여기 저기 마이 댕겼제. 금강산도 갔다오고. 아들이 잘하드라고, 영업을. 말도 잘해. 말도 타고나고.

학교 다닐 때도 영화를 보러간 거 같더라고요. 친구들이 지가 영화를 안 보고 돈을 우리 아들한테 준대. 니가 대신 보고와서 애기해 주

라고. 그렇게 이야기를 재밌게 한대. 직접 지가 보러 안 가고. 그렇키 말을 잘한대. 작은아들은 즈그 아부지 닮았어.

큰아들은 내성적이여. 부장이여. 전기하는 디. 사장은 결제만 하고 뭐시기 하제 암것도 몰라. 우리 아들이 하제. 기계공고 전기과 나왔어. 전기과 대학을 가갖고 자격증을 따갖고 나왔어. 그것으로 사업을 하제. 가로등 외등 저런 거 굵은 공사 따서 하는 거.

생긴 것은 나 닮은 것들 별로 없어. 막둥이 아들이 쪼끔 닮은 편이여. 성격은 큰아들이 나하고 똑같고. 혈액형도 큰아들하고 나하고 똑같어. 딸하고 작은아들하고는 즈그 아버지 혈액형이고. 큰아들은 물어보는 말만 잘하제. 우리집에서 제일 든든해, 큰 아들이. 집에 큰일 있고 그라믄은 동생들 신경 안 쓰게 지가 다 해부러.

　우리집 아저씨가 욕심이 없어. 뭐이든지 낙천적으로 생각하고 편안하게 살라고 하제. 나도 그라고. 평상 아껴 쓰고 알뜰하게 산 거 그거밖에 없어. 우리집 아저씨가 엄청 검소해. 절대 피해 안 주고 손 안 벌리고. 뭐이든지 절약하고. 아무데나 뭐시기 안 하고. 할 건 하고 안 할 건 절대 안 하고. 친구를 사귀어도 맘에 딱 든 사람은 한없이 이런디 한 번 틀어지면 뒤도 안 돌아보고. 성격은 달라. 말하고 사람 사귀고 그런 것은 나하고 달라.

　그란디 마음 쓰는 거는 똑같애. 살아가는 방식은 똑같다고 그래, 둘이. 사람 사귈 줄은 모르고 그런 것이 나하고 다르다 그래. 아쉰 소리 할 때도 있고 그래야 되디 절대 죽으믄 죽어도 누구한테 뭐시기한 소리 안 한다 그래. 안 할 말 절대 안 하고, 뭘 고통 있어도 다른 사람

뭐시기 안 하고 혼자 안고 가고 그런 성격이에요. 시간이 가면 괜찮해지더라고요.

힘들 때가 있제. 그래도 적으면 적은 대로 맞춰 살고 없으믄 없는 대로, 큰 뭐시기는 없었어요. 처음에 광주 가서 애기들 키울 때. 아저씨가 번 뭐시기만 갖고 조금씩 조금씩 불려서 키워가고 그게 힘들었제. 월급이 적제. 그때가 힘들었제, 한참 어렸을 때. 큰아들은 다 알아요, 어려서 한 것을. 그것을 보고 산께 진짜 절약하고 쓸 것만 쓰고. 작은 것들은 더 몰라.

부모밖에 몰라, 큰아들은. 싼데 찾아댕김시로 사고 그러드마. 김치도 담고 그랄라믄 옛날에, 공판장이라고 있어, 광주 같은 데에. 그런 데 가서 버스 타고 가서 사갖고 오고 그랬어. 큰아들이 독서실 가서 공부할 때, 고등학교 때였을 거여. 저기서 보고 뛰어나와. 다른 애기들 같으면 집으로 가불제. 뛰어나와서 그놈을 받아갖고 가. 큰아들이 그래. 나는 결혼하믄 우리 엄마 아빠만이로 살란다고 그러드라고. 엄마아빠만이로 서로 도와주고 그라고 산다고.

애기들 먹고 싶은 것도 안 사주고. 장난감 같은 것도 일절 안 하고 살고. 유치원도 안 보내고. 막둥이만 보냈어요.

단칸방 살믄은 집주인 애기들이 옆방에서 살아. 그 사람들이 애기들 사 맥이믄 우리 애기들도 먹고 싶어라 그러제. 과자같은 거 과일같은 거 사주믄 방에 거가 있으라고 그라고 그랬어. 육십년대에. 그때는 그랬어. 그런 것이 항시 걸려. 그때가 제일 힘들었고.

부업같은 것도 할지도 모르고 할 수 있는 것도 없고. 아저씨 타이어 회사 거그 다닐 때. 일은 하고 돈은 적고 그랬어. 한 달 월급이 그때

돈으로 삼 만원 그랬을 거여. 그 돈으로 생활을 하면은 쌀팔고, 연탄 때고 살고 그랬으니까. 석유난로 그런 거에 밥해 먹고.

그런 거 저런 거 해놓고 나면은 암것도 없어. 전기세 수도세 내고 그러고 나면 돈이 없어. 그랑께 그놈갖고 맞춰서 살고 맞춰서 살고.

젤 첨에 우리가 올라갔을 때 우리 집에서 논이 지금으로 말하자믄 두마지기를 줘갖고 그걸 팔아갖고 갔어. 그때 돈으로 팔십만 원이었으까. 그놈으로 방 한 칸을 전세로 얻었어요. 그 돈만 있었어도 고생 안 했을 거여.

우리집 아저씨 한동네 고향 사람, 형님 형님하는 사람이 있었어. 취직을 시켜준다고 그래갖고 올라갔어요. 꼭 그걸 믿들 안 했는디 무조건 올라가자고 했어. 어떻게든 벌어서 애기들 갈친다고 올라갔어.

그 사람이 돈을 얼마 요구를 했어, 그 사람이. 팔십만 원인가 팔만 원인가 모르겠어, 하도 오래돼갖고. 오십만 원인가 오만 원인가를 그 사람을 돈을 해줬어. 근디 그 사람이 안 해줘부렀어, 영영. 우리가 빌려갖고 했는디 이자를 줘야 한께. 그때는 그런 돈이 사채제.

그라고 타이어 회사 들어가고 그 돈을 전세를 빼서 갚아부렀어. 그라고 사글세로 갔제. 죽고살고 벌어가지고 달세로 다 들어가불고. 그 돈이 없어져부렀제. 그랑께 힘들어져부렀제.

나락 한 번 지은 거를 식량만 쪼깐 갖고가고 나머지를 새꺼리를 줬어. 나락을 맡겨놓으믄 이자를 줘. 그걸 새꺼리라고 했어. 그놈이나 쌀 갖고갔으면 쓸거인디 그놈을 동네 사람한테 주고 갔어. 그 사람이 노름을 해가지고 집 싹 망해갖고 논도 싹 팔아먹고 이사가부렀더라고. 그놈 떼이고 거그 가서 전세방 떼이고 그래부렀제. 그래갖고 살기 힘들어부렀제.

타이어 회사 일이 고된 일이여. 타이어 만드는 일이라. 그만두고 병원 들어가서 일이 좀 편해지고. 돈은 적어도 애기들 학자금도 나오고. 나중에는 조금씩 조금씩 괜찮해졌제. 월급 타면 딱 내 통장으로 들어와. 우리집 아저씨는 용돈 타 쓰고. 더 가져가도 안 해.

애기들도 절대 더 주란 말 안 해. 만 원 이만 원 주고 그래도 그 돈 한 번에 안 갖고 나가. 천 원짜리 하나두 개 갖고 나가고. 내가 보제, 애기들 학교 가고 나믄. 서랍 안에 놔두고 맨 그대로 있어. 갖고만 다니제 쓰도 안하고. 막둥이아들 대학교 다닐 때는 즈그 형이 용돈도 대 주고 등록금도 한 번쓱 대 주고 그러더라고.

아저씨가 간식 일절 안 먹고 제 시간에 딱 밥만 묵어. 내가 없으면 혼자 차려서 먹고. 화투 치면 오래 놀제. 저녁에 딱 먹고 치아놔. 옛날에도 밥 같은 것이 없어, 적어, 그러믄 혼자 식은 밥 먼저 드셔, 그리고

내밥 새밥 해놔. 혼자만 생각하고 아무거나 먹고 글안해. 잘해.

애기들이 놀다가도 즈그 아빠 들어올 시간 되면 조르라니 앉아부러. 일어나서 학교 갈 시간 되면 이불 싹 걸어부리고. 옛날에 아빠가 우리한테 한 것이 다 생각난다고. 즈그 딸이 학교 갈라믄, 안 일어나믄 천불난다고. 인자 아빠 속을 알겠다고. 지가 애기들 키워본께.

광주서 영화도 많이 보러다녔제. 그때는 젊었을 땐께. 아저씨하고도 가고 주위 사람들하고도 가고. 테레비 없을 때 많이 다녔제. 이상 봤어. 지금도 보고싶다 그람은 목포 가고.

우리집 아저씨는 여행 다닌 것을 좋아해. 나는 뭐시기한 데는 안 다닌디, 노래 듣는 거 좋아하고. 부르기는 잘 못 불러도 듣는 거 좋아해. 콘서트 같은 거. 난영가요제 그런 거 하면 해마다 목포 가, 한 번도 안빳고6). 광주 살 때는 딸이 잘해 줘, 그런 것을. 여기 와서도 목포같

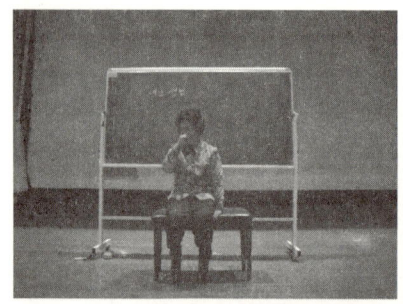

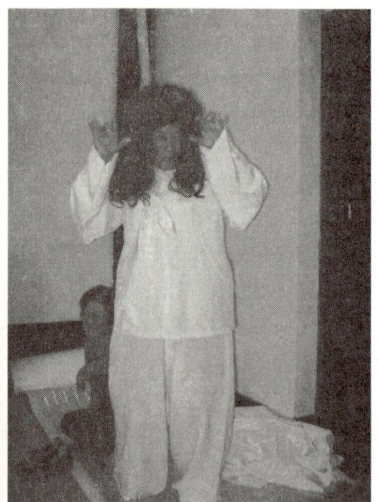

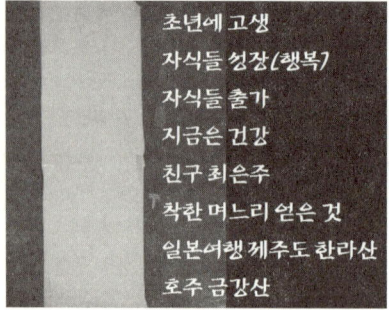

초년에 고생
자식들 성장 (행복)
자식들 출가
지금은 건강
친구 최은주
착한 며느리 얻은 것
일본여행 제주도 한라산
호주 금강산

은데 아들이 태와다 줘.

아들이 차 파는 데도 차 안 사. 직장도 없는디 낭비다고 절대 마다
고 해. 자식들이 사준다고 세금 내준다고 해도 마다고 해. 느그 돈이
내 돈인디 그람서. 오도바이 타고 뺑뺑 돌아.

작년에 광주 오일팔 나온 영화 그것도 봤어. 그것 보고 난영가요제
가면 시간 딱 맞어. 올해도 가자고 했어. 아저씨가 감정이 풍부해갖고
드라마 보고도 눈물 난다고 그라고 나보고 감정이 메말른 여자라고
그래. 그전엔 글안했는디 지금은 안 나오드라고. 그란 것 같애.

다시 태어나서 뭣을 해본다고 하믄 직장생활, 제시간에 딱딱 뭐 하
고 그런 일 했을 거예요. 광주서도 보험일을 몇 년 했어. 보험회사 다

닐 때도 주위 사람들이 도와줘서 했제.

농사일에 취미가 없어, 우리집 아저씨도. 그란디 도시서 살면 할 일이 없다 그거여. 무등산에나 올라가고. 시골에 가면 절약도 되고 공기도 좋고 할 일이 있을 거다 그라고 내려왔어.

광주는 인자 가기 싫어. 광주에 가면 공기부터 틀려갖고 몸에 힘이 없어지고 이상한 것 같애. 광주 갔다 여기 딱 오믄은 정신이 맑아부러. 여기 사람들도 좋고 읍에 친구들도 많고.

평범하이 특별한 뭐시기 없이 그라고 살아. 기양 평범하이.

내 인생의 장면들

연도	나이	장면
1944	한 살	전라남도 강진군 칠량면 율변 단월부락에서 딸이 귀한 집안의 팔남매 첫째딸로 태어나다
1953	열 살	칠량 동국민학교에 입학하다
1959	열여섯 살	면소재지에 있는 양재학원에 단짝 친구 정자와 함께 다니다
1960	열일곱 살	광주에서 미용학원을 다니다
1960	열일곱 살	칠량 면소재지 미장원에서 몇 개월간 보조로 일하다
1963	스무 살	겨울 동네 오빠와 연애를 시작하고 오빠의 조카가 편지 심부름을 하다
1964	스물한 살	부모의 반대를 딛고 음력 설을 쇠고 결혼하다
1965	스물두 살	농사에 뜻이 없어 취직과 아이들 교육을 고려하여 광주로 가다
1965	스물두 살	봄에 첫째를 낳아서 광주 단칸방에서 돌을 쇠다
1972	스물아홉 살	음력 구월 십팔일 둘째를 낳다
1976	서른세 살	음력 이월 막내를 낳다
1979	서른여섯 살	보험회사에 들어가다
1994	쉰한 살	회사를 그만두고 딸의 아이를 봐주다
1995	쉰두 살	아파서 아기 돌보기를 그만두고 당뇨 판정을 받다
1999	쉰여섯 살	남편 퇴직 후 고향마을 칠량 율변으로 이사하다
2005	예순두 살	강진읍과 가까운 군동으로 이사하다
2010	예순일곱 살	동네 사람들과 어울리고 읍 친구들과 풍물, 연극 등을 배우러 다니다

4장
생전 안 잊어져부러

호순의 꿈 - 소 세 마리가 조르라니 있어

    어릴 때는 맨 무서운 거 꾸고 놀래고 뭣한 것만 기억나는디. 우리 큰아들 설 때 꿈을 꾸었어[1]. 우리 친정집이 초가집이어갖고 안채에 대문채가 있잖아, 옛날에 나무판자로, 그 대문이 열어졌는디. 소가 세 마리가 조르라니 있어. 그렇게 생생했던가 몰라. 이렇키 수소 두 마리가 있고 뒤에가 암소 한 마리가 있는 거여. 그거 진짜 맞치대. 아들 둘에 딸 한나잖아. 딱 그렇게 맞춰붙드마. 그 꿈이 생전 안 잊어져부러. 딱 그렇게. 왜 친정 대문에가 있는가 몰라. 딱 그 대문에가 그 세 마리가 조르라니[2] 있어. 그렇게 안 잊어져불제.

    그라드만은 딸 낳을 적에는 즈그 작은 할아버지가 동으[3], 엄청 큰 동으, 그란 데다 밤알 하나를 탁 담아갖고 토지[4]에다 갖다줘. 그런께 딱 딸이대. 아들 둘 낳고 딸 낳아야 쓸 거인디 딱 딸이드라고.

그라고 우리 아부지, 친정 아부지 돌아가실 때 꿈을 꾸었는디. 사
람들 서이, 뭔 여하튼간에 남자들 서이여. 우리집 이웃집에가 친구가
있거든 같은 동창인디 한 살 더 묵었어. 막 와서 물총을 자기 아부지
한테 막 쏜 거여. 그라드니 그거를 버리더니 우리집에 와서 우리 아부
지한테 쏜 것이여. 그래갖고는 아부지가 돌아가시대. 그 할아버지한
테 계속 쏴부러야 쓸 거인디 뭣하러 우리 아부지한테 와서 쏴부렀는
가 몰라. 여하튼 모르는 사람들이여. 큰집에서 지금 안 났을 때 꾸었
는디. 꿈에서는 친정 이웃집이드라고. 그란디는 우리집 쪽으로 쏴분
께 우리 아부지 돌아가시고.

정자의 꿈 - 호박이 이렇게 커 아주

호박이 이렇게 커 아주. 늙은 호박, 푸런5) 호박 막 섞어져갖고. 내 생전에 그런 호박, 굵은 호박은 처음 봐가지고 안 잊혀져. 이 집은 원채6), 화장실 있고. 돼지를 햇빛에 놔놨어. 마루에는 구렁이 두 마리가, 먹구렁이가 큰 놈이. 요정도나 생겼드마. 그렇키 있어.

그라기 전에 우리 딸 임신한 뒤로 이 개월인가 삼 개월인가, 그거 임신해서 그란 꿈을 두 번 뀌었어.

한번은 친정에 가니라고 가. 옛날에는 걸어다니제. 거그가 뭔 냇가일까. 거그를 가니까는 큰 산까치가 딱 두 마리가 이라고 가고 있어. 두 마리가 내 몸땡이를 딱 감드마. '워매, 이거이 큰 돈인디.' 얼른 그 생각이 딱 생게. 조깐 더 걸어간디, 어디로 간지도 모른디. 우물 있드마. 거그를 들여다 본께로 이만한 물에다가 이렇키 움직이드마. 이놈 잡으믄 큰 돈이겄다. 가다가 뭐시기 잊아부렀제.

그라니까 이 꿈을 겨울에 꿨제. 그 다음에 정월에 날 것인디, 임신 팔 개월쯤 됐을까. 그라고 우물가에 맑은 물에가 산까치가 있는디 딸이드마. 고놈은 이 개월 정도 됐을 때 꿔고. 그때 내 나이가 스물일곱 됐을까?

내가 꿈에 나오는 그런 집에 살았제. 초가집이제, 옛날 초가집. 그랑께 요건 우리 친정집이제, 옛날에. 이 개월 돼갖고 친정에를 가니라고 걸어감시로 산까치가 나오드라고.

그집에 할머니, 우리 친정엄마, 오빠, 우리 조카, 올케 이렇게 살았제. 그란디 꿈에 사람들은 대차 안 봤는 거 같네. 마루에가 큰 먹구렁이가 돌고 있더랑께, 안에서.

돼지가 좋드마. 막, 아조. 오져갖고 막. 새끼가 여러 마리여. 친정집에서 돼지를 키웠제. 이렇키 막을 짓어갖고. 한 마리 정도는 항시7) 키워. 함머니가 계시니까, 시골에서는. 말하자믄 초상이 나믄 잡아갖고 쓰거든. 해년마다 하나쓱 폴고 또 사다가 또 키고 키고 계속 키왔제.

돼지가 새끼 낳으면 보고 그라제, 오져갖고8) 예쁘고. 내가 짐승을 좋아해. 개, 그란 것도 좋아하고. 구렁이는 이상하게 그 꿈에서는 별라9) 징그럽도 안 하고. 그랑께 구렁이가 그 안에서 돌고 있드라니까. 마루에서 돌고 있드마. 마루는 인자 곡식, 쌀같은 거 콩팥같은 거 그런 거 전부 놔두는, 말하자면 창고 폭이제10). 식량같은 거 내다놓고 밥하고 그라제.

호박은 생전 기억에 남게 생겼단께. 워낙 한나도 아니고 수십 통이

다 이렇키 굵어부러. 엄청 크게. 저렇게 열어갖고 지붕이 까딱하믄 뿌사질까[11], 내 속으로. 그 정도로 걱정스럽게 커, 호박이. 그랑께 여름이나 언제 된께 그라고 해져불겠제.

꿈꿀 때는 겨울이었제. 담에가 햇빛이 싹 널어갖고[12] 이웃집 올라갈 때까지 넘으 집 샘까지 널어갖고 있더라고.

이 꿈 뀌고 친정 올케가 딸을 났는디 나는 딱 아들을 났어. 친정에 간께 무단히 죄만 스럽제[13]. 그란디 올케가 세 번째 임신한께 아들을 낳았어. 그랑께 나는 성님 꿈이다 그랬제.

5장
예 말이요

세 친구의 고향 나들이 "예 말이요."

등장인물 : 세 친구 조호순, 최정자, 최병단(이하 호순, 정자, 병단), 동행 강윤구
(이하 윤구, 사진 및 운전), 박지나(이하 지나, 구성 작가), 이희진
(이하 희진, 일러스트 작가)

병단과 정자의 고향 율변 가는 길.

지나 : 율변 가보셨죠?

호순 : 나는 어디가 어딘지를 몰라. 천지 맨날 돌아다닌께.

정자 : 저 산에서 나무해갖고 내려옴시로 머시매들이 즈그까장 막은
다고. 징해.

병단 : 어쩔 때는 숨어갖고 있고.

정자 : 우리집 있는디는 산이 있어갖고. 대여섯 명이 나무하러 댕김시로.

병단 : 지금은 돈 준다고 걸어오라 해도 못 걸어.

정자 : 나도 못 걸어. 나는 진짜 잘 걸었제, 그때. 지금은 못 걸어.

병단 : 나는 빨리는 못 걷는디 오래는 걸어. 운동장도 지금 열 바쿠는 돌아. 빨리는 못 한디.

정자 : 여기가 기여요.

병단 : 여기서부터 율변이여요. 솔나무 있죠, 요. 여기가 영애 집이여. 요고이.

정자 : 옛날에 이리 길이 없었어.

율변에 도착. 지나가는 아짐 한 분과 인사를 나눈다.

병단 : 나야 나.

정자 : 율변 좋다고 놀러왔제.

율변 아짐 : 옛날 고향이라 좋제.

일행, 당산나무 쪽으로 걸어간다.

정자 : 저 욱에도 다 짤라부렀다.

병단 : 저 봐봐. 삼백십 년.

정자 : 옛날에 저 가지가 저까지 뻗어 있은께 그네 탄다고. 나는 무선
       께 발발발발 떨고. 기억이 다 나구마.

희진 : 이걸 보수한 거예요?

정자 : 다 죽어가구마. 엄청 좋았는디.

호순 : 다 받쳐놨구마.

정자 : 마을이 이상해져부렀네. 대밭이랑 있어갖고 좋았는디.

병단 : 저그가 제사 모신 바우여. 저쪽 끄트리 바위. 찍고 와. 집은 찍지 말고 그냥 가제.

호순 : 아따, 집이 소중하제.

정자 : 병단이 아부지도 나 보면 징하게 반가라 한디, 딸 친구라고.

현재 병단의 부모님이 살고 계시는 집에 잠시 들른 일행.

농로를 따라 논가에 서 있는 바위로 안내하는 병단.

병단 : 돌팡. 요거이 세 간데서 동네를 지켜준다고 하드랑께, 말하자
   면. 띠 두르고 창호지 해 놓고 대나무 세우고 제사 모셔요. 똑
   같은 것이 세 개여.

정자 : 제 지낼라믄 전부 금줄 쳐놓고.

윤구 : 여기 무슨 이야기가 있어요?

병단 : 이야기가 있는디 우리는 몰라.

정자 : 언제 한해에는 아부지 돌아가실 때 그해에 열너이 주르르 돌아
   가셨다고 그래.

병단 : 아주 옛날부터 있었던 거여.

희진 : 바라보고 있는 것 같아요.

지나 : 멀리를 바라보고 있는 것 같아요.

정자 : 정성을 들여야 된께. 그 집에서 요것을 못 했는디 한 해에 열녀이가 돌아가셔부러갖고. 돌아감스로 한다. 그 뒤로는 깨끗하게 할 사람 정해갖고. 우리 친정에서 많이 했당께. 우리 오빠 군대 가분께는 안 했다가 제대하고 온께는 또 했제, 몇 년. 젊은 사람들이 해야 된께. 아야, 이거는 월동같이 생겼다. 배추가 크다.

병단 : 월동배추여? 김장배추제.

정자 : 요거는 쑥갓이까 뭣이까?

병단 : 봐봐.

정자 : 쑥갓 아니여. 상추같다. 나도 올해는 대파 고락맞아부렀당께1).

병단 : 요거 우리 조카꺼.

정자 : 뭔 녹차잎이까? 요건 녹차 아닌디.

윤구 : 집이 정남향이예요?

병단 : 예. 이 동네는 다 정남이예요.

윤구 : 여기에 인물이 있었겠네요?

정자 : 어. 염장군. 염걸장군2). 이쪽에 묘가, 염씨들 묘가 있어.

옛날 정자의 집터로 향하는 언덕길.

호순 : 요라고 올라댕겼소.

정자 : 여기 늘 살아분께 모르제.

호순 : 아이구 허리야 그랬겠네.

정자 : 저것은 영걸장군 뭐시기, 제각. 옛날에는 저것이 초가집이었
　　　어.

호순 : 왐마, 도깨비 나오것다. 옛날 제각은 저렇게 안 생겼는디.

정자 : 아따, 사람도 살았제.

병단 : 좌우지간 제각이여, 우리가 알기로는.

정자 : 여그는 마당이고. 쑥대밭이 되아부렀네, 세상에. 나 낳던 해에
　　　우리 할아부지가 목수쟁이라 지었다 해. 큰방 있고, 마루 있
　　　고, 부엌방 있고. 사칸이라 커. 소막 있고. 여서 내가 "영애야!"
　　　그라고 불르믄 "이!" 그라고 놀제.

병단의 집과 반대편, 정자의 집 쪽에 있는 서쪽 사작나무로 이동.

정자 : 여가 큰길이여. 학교 댕긴 길.

병단 : 서울서 와서 보고 이 나무 좋다고 하고 난리디. 그랑께 저녁에
　　　 요 산에서 귀신나온다고 아조 무서와갖고.

윤구 : 이 마을은 육이오 동란은 피해갔어요?

병단 : 그때 나가갖고 우리 작은아부지 둘이 다 돌아가셔부렀제. 결혼
　　　 도 안 했는디. 오십 가구, 칠십 가구 그 당시에는 됐었어. 저짝
　　　 에다 백 명씩 묻어불고 그랬다 하드마.

병단 : 제사 지낼 때는 여그 새끼를 두르고.

호순 : 리본 다니라고.

병단 : 새끼도 꼴 때 왼손으로 꼬드마.

정자 : 동쪽 사작나무, 서쪽 사작나무 그라제. 동쪽에는 낮이고 밤이
      고 나와갖고 노는디 여그는 올라면 먼께. 먼께 우리는 갈 일이
      벨로 없제.

병단 : 지금도 그라제. 거그는 늘상 동네 사람들 싹 모태갖고3) 있어.

정자와 병단의 모교 도착.

병단 : 여가 폐교되아부러갖고 지금은 학생들 수련회 뭐시기 하는 데
      가 되았다드만.

정자 : 옛날에 우리 초등학교 일학년 때는 여가 초가로 생겨갖고, 교
      실이. 그 뒤로 짓었제.

호순 : 옛날에 교장선생님 사택들 있고 그라잖아. 지붕 이을라고 짚
      못 이고 오라고 해.

병단 : 저 큰 나무 밑에서 놀고 그랬는디. 운동장은 그대로여.

지나 : 이 운동장에서 달리기하셨겠네요.

병단 : 달리기 잘 해, 이것은. 나는 못 해.

정자 : 그때 달리기를 해갖고 연골이 파열됐어, 지금. (웃음)

호순의 고향 계치로 이동.

병단 : 청자골이여? 정수사 간디?

호순 : 이. 그 앞에가 미역공장도 있어. 매생이4) 공장도 있고.

병단 : 지제, 지제라 했어, 아까.

호순 : 계치당께.

병단 : 우리 동네가 지제떡 있어. 지제떡.

호순 : 계치.

병단 : 지제떡.

호순 : 계치떡 그래야 쓴디. 어디를 가믄은, 결혼을 하믄은 부락 따져
     서 태고를 짓는디. 계치라 하믄 이상한가 다 그라고 하드마.

병단 : 우리 동네가 지제떡 한나 있어. 그래서 이, 지제 많이 들어봤는
     디.

호순 : 나는 계율리 그란다 해갖고 끄트리만 따서 율리떡.

병단 : 거그는 율리떡이여? 너는 뭔 떡이냐?

정자 : 나는 영동. 나는 이래뵈도 서울 영동이다이.

호순 : 그걸 지어야 어른이 된 것이여.

병단 : 안 지면은 누구엄마 누구엄마 그란다고, 어른들은.

정자 : 옛날에도 쌍스러운 뭐이라고 했어, 태고가 없으믄.

호순 : 지금 젊은 사람들은 인자 태고 못 짓게 하잖아.

병단 : 안 지어. 그란디는. 나는 율변 간께는 광주떡이라 그라믄 쓰겄
     드마. 그래가지고 동네 사람들이 광주떡이라고 해부러. 또 영
     포로 온께는 뭔떡이라고 하까, 뭔떡이라고 하까.

윤구 : 떡이예요?

병단 : 광주떡이 또 둘이여, 거그는.

정자 : 왜 무슨댁, 무슨댁 그라잖아. 기양 떡 그래분 거이지. 무슨떡,
     무슨떡. 안 그라믄 누구각시 누구어매 그라고. 그람 쌍스럽게
     들리고.

병단 : 그라제.

지나 : 아, 떡이라고 해서 뭔가 했어요. 요새는 월남댁도 있는데.

정자 : 월남서 안 왔는데도 월남떡 있어. 동네가 월남이 많하거든.

호순 : 성전도 있고. 두 간데드마 월남도.

지나 : 외국에서 시집온 며느리는 어떻게 부를까요? 베트남에서 왔으
면?

병단 : 베트남댁 그래야제. 면 뭐시기까지는 모른께.

정자 : 나는 우리 시어머니 태고가 징하게 웃기드마. 월림동이라 엄청
성가서.

호순 : 여그서 우회전이여.

병단 : 좌회전이여.

정자 : 내비게이션이 고장났구마.

병단 : 내가 여기를 왜 아냐면은 정수사 절을 다녔거든요. 여그가 지
제여? 지제떡 동네 갔다왔다고 해야 쓰것다. 나하고 가끔 화투
치고 놀아.

호순의 고향 계치 도착.

윤구 : 닭의 형상을 닮아서 계자가 들어가나요?

호순 오라버니 : 이, 닭 계자여.

정자 : 그란디 멀어서 엄청 학교댕기기 성가셨겄다.

병단 : 학생 수는 많아요?

호순 오라버니 : 한 육십 명이나 될 테제.

정자 : 칠량은 어떻게 되고?

병단 : 칠량은 많할 거여, 지금도.

호순 : 에이, 여그는. 대구, 마량 보태도 칠량만 못해.

호순 오라버니 : 대구가 십사 개, 마량이 십이 개 마을이여. 대구면
　　　　　마량린게 대구, 마량 합쳐도 칠량만 못 해.

병단 : 삼십삼 개 면이라고 안 하냐, 칠량이. 칠량도 한나는 폐교돼부
　　　러써요.

호순의 옛집으로 이동.

호순 : 요 집에서 삼대, 사대까지 살았제.

지나 : 이 마을은 전쟁 때 어땠나요? 돌아가신 분들이 있었나요?

호순 오라버니 : 우리 마을은 그렇게 안 많애. 전부 무학자라 배운 것
　　　　　이 없어갖고 집에서 땅만 파고 있은께 뭐라고 할 거여. 젊은
　　　　　사람들만 고생했제, 오라가라한께. 우리 부락에서 고생 많이

하신 분들은 일제 징용 가신 분들, 그런 분들이 많이 고생하셨
제. 반 정도는 돌아오시고 반 정도는 못 돌아오시고.

정자 : 뭔 집이 한없이, 끝도 한도 없이.

병단 : 진짜 동네 크다. 한 백 가구도 되겠네.

호순 : 백 가구는 안 넘고 한 칠십 가구 된디.

지나 : 지금도 그 정도 되나요?

호순 : 지금은 더 적을 테지.

병단 : 우리 율변은 지금 열다섯 집 살어. 팔십 넘은 집이 한 반절은
될 거여. 그 동네 한 오륙 년 되면 거의. 세 명백에 없어, 젊은
사람은.

호순 : 요리 뛰어댕기면 여그가 똘5)이 있었어. 비 많이 오믄 학교 못
가고 그란디. 여그서 머스마들이 나와갖고 그렇게 막어. 그렇
게 짓궂어.

정자 : 우리는 그 수수대, 이. 까갖고 비가6)처럼.

병단 : 안경 만들고이.

정자 : 비가만쓱하게 딱 짤라갖고 몰아서 땡겨놓고 머스매들 뒤로 오면 우리가 줏은7) 놈들 보자고. 수수깡 모자에다가.

지나 : 고무줄 끊고 그런 거 안 했어요?

병단 : 아따, 그런 것은 기본이제.

정자 : 땅따묵기.

호순 : 난 해보도 못하고 앙중앙중앙중앙중.

병단 : 옛날에 그때는, 그런 거밖에 하고 놀것이 없은께.

정자 : 자제기도 했냐. 가시내들이 많이 했어, 우리는.

지나 : 제기?

정자 : 이. 제기 차는 거.

호순 : 전방 있는데 쌀 퍼다주고 비가 사 먹고.

정자 : 우리는 그런 짓거리 안했어, 진짜.

병단 : 우리는 뭐 산다고 하면 다 줘, 돈을. 그랑께 그런 짓거린 안 해 봤어.

정자 : 선수쳐분께. 뭣 한다고 하믄, 이, 그래야, 그라고.

호순 : 잘 푼 애들은 날마다 퍼부러. 생전 쌀 차대기가 안 떨어진당께. 아가씨들도 잘 퍼.

정자 : (호순의 집에서부터 학교 가는 길이) 아따 멀다.

호순 : 그랑게 밥이 늦고 그라믄 굶고 많이 가부러. 아그들하고 같이 갈라고. 그람 우리 올케 할머니한테 지천으로 혼나고.

병단 : 나는 학교 다닐 때 어짠지 아냐. 상이군인 쌀 한 번 퍼줘갖고 혼난 적 있어. 옛날에는 얻으러 댕겨. 까꾸리8) 같은 걸 들고 쌀 안 주면 찍어분다냐 어쩐다냐. 나 혼자 있는디. 쌀을 한 바

가지 담고. 덜 찼으면 덜 찼다고 뭐라고 할까미 한나 퍼다주니까. 또 주라고 해. 그랬더니 한나 또 퍼 주라고 해. 퍼다 줘분께 인자. 그래갖고는 그때 그 쌀이 지금대로 하믄은 서 되도 넘을 거여. 그렇게 줘부러갖고 동네 사람들이 다 알아부렀당께. 우리 어매가 어디서 듣고 와갖고 쫓아갔는디 가부리고 없어.

호순 : 그랑께 무선디 어찌케 쫓아가.

병단 : 지금도 그 소리를 들먹여. 그렇게 쌀 많이 퍼줬다고.

정자 : 엄마같으믄 들 주제. 쬐깐 퍼주제.

병단 : 접준께 무서와갖고. 동네에 소문 싹 나부렀어. 쌀 다 퍼줘부렀다고.

정자 : 다리 짤라진 사람은 쩔뚝거리고 댕기고.

병단 : 나라지키고 댕기다가 다쳤는디 이런 것도 안 주냐, 줘야 먹고 산다고 접주고 그랬어.

호순 : 옛날에는 징했어. 지금은 정부에서 맥여분께 없제.

말하는 사이 호순의 모교 도착.

병단 : 여그는 지금 학생들 있어놔서 좋다, 깨끗하니.

윤구 : 학교 끝나고 저기서 놀고 그랬겠네요.

호순 : 이. 바닷가에서 가서 놀고. 책보에다 모래 싸갖고 이고.

정자 : 사진 한나 찍으면 쓰겄다. 이녁 학교선 없은께 못 찍고이. 꽃 속에서 앉거서 찍으까?

병단 : 이, 얼굴만 보이게. 요리 들어와라이.

지나 : 세분이 하나 찍을까요?

호순 : 저그 바다 보이는 데서 찍으까?

정자 : 다정하게 찍어.

병단 : 난 사진 찍기 싫어. 찍어도 어데 간 줄도 모르고.

정자 : 나는 무조건 찍어. 무조건 찍어놓고 봐야제.

정자 : 이쁘게 나왔어?

주석

1장 | 돌아간 대로 살아야제

1) 부락 : 마을
2) 그랑께 : 그러니까
3) 재미져갖고 : 재미있어서
4) 도암 : 강진군 도암면
5) 인자 : 이제
6) 뭣한께 : 멋쩍어서
7) 가운데가 : 가운데에
8) 볼 : 공
9) 속아지 없어 : 속이 없어, 철이 없어
10) 외입을 나갔어 : 집을 나와 타관에 갔어
11) 폴았든가 : 팔았든가
12) 여그 : 여기
13) 베니 : 입술 연지
14) 목단(牧丹) : 모란
15) 한번쓱 : 한번씩
16) 애긴께 : 어리니까
17) 욱에가 : 위에
18) 써레질 : 써레로 논바닥을 고르거나 흙덩이를 잘게 부수는 일
19) 어두믄 : 어두우면
20) 끄꼬 : 끌고
21) 간께 : 가니까
22) 무선께 : 무서우니까
23) 적은께 : 어리니까
24) 모른께 : 모르니까
25) 쟁기질 : 쟁기를 부려 논밭을 가는 일
26) 나분께 : 나버리니까
27) 이렇키 : 이렇게

28) 그라믄 : 그러면

29) 끄서도 : 끌어도

30) 이라고 : 이렇게

31) 중해 : 중요해

32) 땡겨놓고 : 던져놓고

33) 더치볼 : 더지볼(dodgeball), 피구

34) 반지락 : 바지락

35) 다라 : 대야

36) 석화(石花) : 굴

37) 뵈도 안해 : 보이지도 않아

38) 맞아불제 : 맞아버리지

39) 건네니까 : 건너가니까

40) 오믄 : 오면

41) 손시러우믄 : 손시려우면

42) 교복만이로 : 교복처럼

43) 꼼쳐놔 : 감춰놔

44) 비가 : 우유맛이 나는 사탕, 캐러멜

45) 뽈잖아 : 빨잖아

46) 저그 : 저기

47) 어찌케 : 어떻게

48) 그라모 : 그러면

49) 오니라 : 오너라

50) 두되쓱 : 두되씩

51) 그람 : 그럼

52) 칠해서 : 철해서(철하다 : 여러 장의 문서, 신문 따위를 한데 모아 꿰매다)

53) 뭇 : 볏단을 세는 단위

54) 질 : 제일

55) 사친회비(師親會費) : 사친회의 운영을 위하여 학부모들이 일정하게 내는 돈

56) 내뺀 : 도망간

57) 징해 : 지긋지긋해, 지겨워, 대단해

58) 이저불고 : 잊어버리고

59) 아싸리 말해서 : 쉽게 말해서, 한번에 말하자면

60) 큰애기 : 처녀

61) 댕게 : 다녀

62) 넘 대문 다 채고 : 쌀자루로 남의 집 대문을 다 차고

63) 아조 : 아주

64) 차대기 : 자루, 포대, 쌀자루

65) 뭐시기 : 말을 할 때 얼른 생각이 나지 않을 때, 듣는 사람도 다 아는 대상을 암시하거나 가르킴

66) 가용(加用) : 특정 분량보다 더 쓸 수 있는 여유

67) 깎음시로 : 깎으면서, 깎아놓고, 깎아서

68) 직이라고 : 죽이라고

69) 버신 : 버선

70) 차믄 : 차면

71) 데꼬 : 데리고

72) 멥쌀 : 낟알에 찰기가 없는 메벼를 찧은 쌀

73) 농 : 장롱

74) 가오시라 : 가져오시라

75) 주의(周衣) : 두루마기

76) 이상(以上) : 일정한 기준보다 더, 꽤

77) 명 : 명주

78) 밭을 매러 : 밭에 난 잡풀을 뽑으러

79) 껍덱 : 껍데기

80) 새콤함시로 달콤함시로 : 새콤하면서 달콤하면서

81) 서이 : 셋이

82) 질르러 : 길으러

83) 비러 : 베러

84) 언능 : 얼른

85) 덕석 : 볏짚으로 만들어서 곡식을 말릴 때 주로 쓰는 물건, 멍석

86) 몰려갖고 : 말려갖고

87) 바우 : 바위

88) 졸업나서 : 졸업해서

89) 올라옴시로 : 올라오면서

90) 양재(洋裁)학원 : 옷 만드는 학원(양복, 한복 등을 재단하고 재봉하는 법을 배우는 학원)

91) 포로시 : 겨우

92) 쓰봉 : 바지

93) 많하니까 : 많으니까

94) 막어불잖애 : 막아버리잖아

95) 쨍끄게 : 자르게

96) 벼개 : 베개

97) 성전 월남가 사는 : (강진) 성전면 월남리에 사는

98) 세살새여 : 세살 차이가 나

99) 안빳게 : 안 빠지게(다른 사람들보다 처지지 않게)

100) 마다고 한께 못 해불고 : 싫다고 하니까 못 해버리고

101) 저금을 내 줬어 : 살림을 따로 내 줬어(저금내다 : 가족의 일부가 딴살림을
차려 나가다)

102) 요리 : 여기

103) 도구통 : 절구

104) 빗지락 : 빗자루

105) 조슬란께 : 쪼니까

106) 쫓아댕게 : 쫓아다녀

107) 야찬가 : 얕은가

108) 품팔이 : 품삯을 받고 남의 일을 해 주는 일

109) 기럭 : 길이

110) 간데 : 군데

111) 폴고 댕김시로 : 팔고 다니면서

112) 짠하제 : 가엾지

113) 질 : 길

114) 갈친다 : 가르친다

115) 뒤선 안갔제 : 뒤처지진 않았지

116) 나불잖아 : 나버리잖아

117) 가끄나 : 갈까?

118) 가 : 가장자리, 주변

119) 사우 : 사위

120) 적은 : 수심이 얕은

121) 질 : 제일

122) 잠 : 좀

123) 키워불고 : 키워버리고

124) 묵은 : 먹은

125) 아짐 : 아주머니

126) 빠드는 : 빨면은

127) 몰려 : 말려

128) 글로 : 거기로

129) 댕긴께 : 다니니까

130) 빔시로 : 베면서

131) 니가 난께 : 지치니까

132) 되아서 : 힘들어서

133) 달겨 : 달래

134) 빈통이 없어 : 철이 없어

135) 말 : 마지기, 논을 세는 단위

136) 적은 : 좁은

137) 시앙쥐 : 송아지

138) 하다 : 하도

139) 터럭 : 털

140) 맥혜 : 막혀

141) 인공 때 : 인공(人共)은 조선인민공화국의 준말. 한국전쟁중 북한이 남한을
    점령했던 시기를 일컬음.

142) 따땃이 : 따뜻하게

143) 걸리고 : 걷게 하고

144) 무단히 : 괜히, 아무 이유 없이

145) 돌아가셔분디 : 돌아가셔 버렸는데

146) 차불믄 : 차버리면

147) 잤당께 : 잤다니까

148) 끄서 : 끌어

149) 똥치 : 엉덩이께

150) 넘 : 남

151) 모지랄까 : 모자랄까

152) 그란 디는 : 그런 곳은, 그런 회사는

153) 여워불면 : 결혼시키면

154) 우리 식구 : 아저씨(남편)를 뜻함

155) 명을 잣았잖아 : 명주실을 뽑았잖아

156) 소(練) : 베, 자은 거친 실

157) 없는 데 : 가난한 집안에

158) 글안하면 : 그렇지 않으면

159) 옴시로 감시로 : 오며 가며

160) 해분께 : 해버리니까
161) 저제 : 시장
162) 돈백에 : 돈밖에
163) 베리고 : 버리고
164) 나락 : 벼
165) 돌아간 대로 : 돌아가는 대로, 흘러가는 대로
166) 대니제 : 다니지

2장 | 나 살아온 이야기는 징합소

1) 이우제 : 이웃에
2) 시새워서 : 시샘해서
3) 다우다 : 옷감의 한 종류. 이 천으로 저고리나 치마를 만들어 입었음.
4) 집어여코 : 집어넣고
5) 옴딸싹 : 옴짝달싹(몸을 아주 조금 움직이는 모양)
6) 그런 마음을 잡샀는가봐 : 그런 마음을 먹었는가봐
7) 백에 : 밖에
8) 댕긴께 : 다니니까
9) 우층하고 : 나이가 더 많은 친구들하고
10) 통이 적은께 : 배짱이 세지 않아서
11) 참지름 : 참기름
12) 함머니 : 할머니
13) 써갖고 : 불을 켜서
14) 대사(大事) : 큰일(결혼, 회갑, 초상 따위의 큰 잔치나 예식을 치르는 일)
15) 시상에 : 세상에
16) 원당 : 모두, 모두 해봤자
17) 똥싸불믄 : 똥싸버리면
18) 친께 : 치우니까
19) 첨이제 : 처음이지
20) 어치게 데꼬댕기 : 어떻게 데리고 다녀
21) 기저구 : 기저귀
22) 태 : 탯줄
23) 갔소 안 : 가지 않았겠어

24) 줌시로 : 주면서

25) 자석 : 자식

26) 넘 : 남

27) 홀엄씨 : 홀어머니

28) 가슨 : 가장자리에는

29) 풍나불라고 해 : 풍사(중풍, 구안괘사, 전신 마비, 언어 곤란 따위의 병) 걸린
  것처럼 놀랐어

30) 뿐께 : 빠니까

31) 쎗바닥 : 혓바닥

32) 젖을 달아 보고야 : 젖을 만져 보고야

33) 우선 : 우스운

34) 지앙길 : 결혼 후 처음으로 친정에 가는 길

35) 덜레 : 덜렁이

36) 짱크고 : 자르고

37) 새암 : 샘

38) 쪼싹 : 훌쩍

39) 왕겨 : 벼의 겉겨

40) 밑불 : 불을 피울 때에 불씨가 되는, 본래 살아 있는 불

41) 얼매나 : 얼마나

42) 미쳐불겄드마 : 미쳐버리겠더만

43) 직쌀나게 : 작살나게, 결딴이 날만큼 심하게

44) 글안하믄 : 그렇지 않으면

45) 성부 : 형부

46) 보고자퍼 : 보고싶어

47) 우중스럽게 : 어른스럽게

48) 깔 : 소를 먹일 풀

49) 성제 : 형제

50) 시대 : 세 대

51) 뒤로 : 이후에

52) 할까미 : 할까봐

53) 땀새 : 때문에

54) 소양 : 소용

55) 부잔께 : 부자니까

56) 부름시로 : 부르면서

57) 큼시로 : 크면서

58) 끓아져갖고 : 곯아서(골병들어서)

59) 떼밭 : 야산을 일구어 만든 밭

60) 건께는 : 전화를 거니까

61) 암시랑 안한다 : 아무렇지도 않다

62) 모욕 : 목욕

63) 우짜스꼬 : 어찌할꼬

64) 무참해갖고 : 멋쩍어서

65) 무장 시간이 잦쳐 : 갈수록 진통 시간 간격이 잦아져

66) 여놓을라고 : 들여 놓으려고

67) 들어오세 : 들어오셔

68) 벳기드마 : 벗기더만

69) 치매 : 치마

70) 당멀었고 : 아직 멀었고

71) 인나갖고 : 일어나서

72) 우세스럽게 : 남부끄럽게

73) 된께 : 고되니까

74) 뽈딱 : 벌떡

75) 샛밥 : (농사꾼이나 일꾼, 산모가) 끼니 외에 참참이 먹는 음식, 간식. 밥 외에
    다른 간식이 거의 없기 때문에 아이를 낳은 여자들은 주로 미역국에 밥을 말아
    서 하루에 세 번씩, 끼니 외에 먹었다고 함.

76) 앞뒤를 뚜드라 : 배와 등을 두드려

77) 부잡스란지 : 산만한지, 수선스러운지

78) 돼지울 하디끼 : 돼지우리 만들듯이

79) 돼지마니로 : 돼지처럼

80) 가다났네 : 가둬놓았네

81) 질 : 제일

82) 시와노믄 : 세워놓으면

83) 들 : 덜

84) 가보끄나 : 가볼까

85) 문대갖고 : 문질러서

86) 서두러서 : 서둘러서

87) 담박꾸로 : 달음박질로(급히 뛰어 달려서)

88) 믹여봐 : 먹여봐

89) 어크러불제 : 엎질러버리제

90) 씨고 : 씌우고

91) 함바쿠 : 한바쿠

92) 요라드란께 : 요렇게 하더라니까

93) 여주라고 : 넣어주라고

94) 대차 : 그러고 보니(대체적으로 문맥상 별 뜻 없이 쓰이는 경우가 많음)

95) 뽈아들이고 : 빨아들이고

96) 찌서도 : 찔러도

97) 부서분디 : 부어버리는데

98) 차분께 : 차버리니까

99) 노믄 : 놓으면

100) 과서 : 고아서

101) 뽈아 : 빨아

102) 모 든께 : (모내기를 위해) 모판을 드니까

103) 소 곳이 : 소의 배설물

104) 끄코 : 끌고

105) 그놈이 덤벼 : 목이 아퍼

106) 벌 : 걸음

107) 깨금발로 : 한 발을 들고 한 발로 서서

108) 몰려놔둔 : 말려 놓아둔

109) 모른 : 마른

110) 몰라져분데 : 말라버렸데

111) 외레 : 오히려

112) 논둑에다 가래치제 : 일반적으로 삽질을 가래친다고 함. 여기서는 볏단을 논
둑에 열 뭇씩 쌓아둔다는 뜻.

113) 학벌은 안 지게 : 학벌 차이는 안 나게

114) 용해갖고 : 성질이 순해서

115) 내중에 : 나중에

116) 쌯인께 : 쌓이니까

117) 우아게냈다고 : 모함했다고

118) 어지께 : 어저께

119) 혹간 : 혹여, 간혹

120) 남서 : 낳으면서

121) 모탠 : 모으고 보탠

122) 뽈고 : 빨고
123) 스텐 고리 : 나무에 스텐 소재를 덧씌워 만든 가구. 주로 옷을 담는 용도로 쓰임.
124) 모심긴다고 : 모 심는다고
125) 저저금 나서 : 큰집에서 분가해서('저금나서'와 같은 뜻으로 쓰임)
126) 짜잔한께 : 못났으니까
127) 야문께 : 야무지니까
128) 뚜드러 : 두드려(때려)
129) 재종 : 육촌
130) 정제 : 부엌
131) 뵘시로 : 보여주면서
132) 묏을 : 묘를
133) 우리까장 : 우리끼리
134) 삼오 : 장례 후 삼 일째가 되는 날
135) 넉장을 해불제 : 깜짝 놀라버리지
136) 큰동세 : 큰동서
137) 장만해야 쓴데 : 필요한 것을 사거나 만들거나 하여 갖춰야 하는데
138) 창시가 있네 없네 : 창자가 있네 없네(속이 있네 없네, 생각에 줏대가 없네)
139) 그뜩하믄 : 걸핏하면
140) 가찹제 : 가깝지
141) 굿도 안 봤는디 : 본 적이 없는데
142) 꿀 : 굴
143) 엉거갖고 : 엉겨서
144) 어여 나와 써 : 빨리 나와야 해

3장 | 한 번 나를 알았다 하면은 변함은 없제

1) 모도 : 모두
2) 올 : 올해
3) 모시디끼 : 모시는 것처럼
4) 나무새 : 나물
5) 현재 살고 있는 군동(읍에서 십분 거리에 있고 백여 가구가 넘는 큰 마을)을 말함
6) 안빳고 : 안 빠지고

4장 | 생전 안 잊어부러

1) 꿈을 뀌었어 : 꿈을 꿨어
2) 조르라니 : 나란히
3) 동으 : 동이, 옹기, 항아리
4) 토지 : 마루
5) 푸런 : 파란
6) 원채 : 여러 채로 된 살림집에서 주가 되는 집채
7) 항시 : 항상
8) 오져갖고 : 마음이 흡족해서
9) 별라 : 별로
10) 창고 폭이제 : 창고인 셈이지
11) 뿌사질까 : 부서질까
12) 널어갖고 : 드리워져서
13) 무단히 죄만 스럽제 : 괜히 죄스럽기만 하지

5장 | 예 말이요

1) 고락 : 잎이 말라 떨어져 죽다
2) 염걸장군 : 의병장으로 활약한 조선 중기의 무신(1545~1598). 전라남도 강진
   군 칠량면 단월리에 있는 그의 묘는 1978년 전라남도 기념물 제36호로 지정되
   었음.
3) 모태갖고 : 모여서
4) 매생이 : 주로 남도지방에서 식용하는 가늘고 부드러운 갈매패목의 녹조류. 파래
   와 유사하게 생겼으며 겨울철에 주로 채취됨.
5) 똘 : 또랑
6) 비가 : 유가(우유로 만든 사탕의 한 종류)
7) 줏은 : 주운
8) 까꾸리 : 긴 나무 자루에 갈고랑쇠를 박은 무기. 갈고리.